主体形成と生活経営

小谷良子 著
Yoshiko Kotani

ナカニシヤ出版

はしがき

　少子・高齢化が進み，生活者としての自立や共同・共生の生活展開に対応し得る能力形成が求められるようになってきた。また，生活の社会化の進展により，個人・家庭・地域・社会生活の境界が不鮮明になってきた現代では，生活領域の重層性に注目して生活経営を理論的・実証的に把握・検討していくことが望まれる。さまざまな生活の事象を全体との関連のなかで総合的に考察する視点をもつことは重要であり，日常生活における生活課題の発見，その解決に向けての実践的な態度の醸成や能力形成が求められる。

　本書では，こうした時代的要請への対応という目的意識をもって，また講義を通して得られた学生たちの反応や関心に配慮して，生活経営学や家庭経営学などの履修生のためのテキストとして利用されることを念頭に置き，半期の講義の進行に合わせて編集をした。生活経営の基本的な事項についての理論や知識を理解するのみでなく，生活者としての当事者意識をもって多角的な視座から生活の実態を把握し，それらの課題を捉えることができるようになることを目指す。まず，生活者個人としての主体形成や自立と共同・共生への対応，家庭と家族関係，家庭・地域・社会とのかかわり，消費者としての権利と責任などの知識を深めることを目指す。その上で，これらについて問題意識を高めて，主体的に自分の意見を構築することができ，学習したことを日常生活のなかで実践できるようになることを期待する。

　筆者は，比較的長年にわたり専業主婦として家庭経営に携わってきた。子育てがほぼ最終段階に入った時期に，フランス語文化圏の人びとの家庭経営・生活経営のあり方について学ぶ機会を得た。また，アフリカの人びとの自立をサポートするNGO活動や，地域における生涯学習講座または主婦たちのネットワーク活動への参与観察を通して，生活者としての意識の醸成のみならず実践力を育てることの大切さを実感した。生活を捉える学問は，何よりも生活者の視座，あるいは生活現場における経験に基づく視座が必要で

ある。

　このような現場主義について，中坊公平は朝日新聞掲載の「仕事の現場に神宿る」というコラム（2003年4月8日）のなかで，現場には「本質」があると述べている。つまり，担い手の意識の中にあるさまざまな課題の「根本的な原因」について，五官すべてを総動員しなければ本質はみえないということを示唆している。生活現場において，「目と耳は，見る力，聞く力。鼻は，物事が起きている背景を嗅ぎ，そこに何があるのかを察する力。舌は，コミュニケーション能力，そして手触り（触覚）は自分で体験して実感する」ということである。本書は，そうした生活経営主体としての意識と実践力を育成する一助となることを祈念するものである。

　大学，短大での半期の講義の進行にあわせた編集を心がけたが，関連する資料や文献を多く提示したため，時間的な問題も懸念される。履修生の専攻や関心によって適宜内容の調整する必要もあろうと考える。

　本書執筆に当たって，前奈良女子大学大学院・長嶋俊介教授，同・中道實教授の多大なるご教授，ご教示をいただき，ナカニシヤ出版の津久井輝夫氏には数々のご助言を賜った。また先輩諸氏および数多くの先行研究を引用・参考させていただいた。お世話になった関係各位に心より感謝の意を表したい。

　　2006年10月

目　次

　　はしがき　*i*

序　論　生活経営学の概容 …………………………… 3

1　生活経営学とは ……………………………………… 3
2　生活組織体と生活活動の範域 ……………………… 4
3　生活者を取り巻く生活環境要素 …………………… 5
4　生活者としての主体形成 …………………………… 6

第1章　生活者としての主体形成と生活経営 …… 9

1　生活・生活環境要素と生活者としての主体形成 …… 9
　　（1）　生活についての概観 ………………………………… 9
　　　　a．生活の三重構造 ………………………………… 9
　　　　b．生活活動の範域 ………………………………… 10
　　　　c．生活を説明する軸 ……………………………… 11
　　　　d．システム論視座による生活展開と生活経営 …… 13
　　（2）　生活環境要素 ………………………………………… 14
　　　　a．わたしたちを取り巻く生活環境要素 ………… 14
　　　　b．現代社会の自己矛盾 …………………………… 16
　　（3）　生活者としての主体形成 …………………………… 17

iii

          a. 主体形成の定義 ……………………………………… 17
          b. 生活者としての主体形成とその評価軸 ……………… 18
          c. 自立と共同・共生 …………………………………… 19

    2 生活の基本的価値とライフスタイルの構築 …………… 20

      （1） ライフサイクルと生活構造……………………………… 20
          a. ライフサイクル ……………………………………… 20
          b. 生活構造 ……………………………………………… 22
          c. ライフコース ………………………………………… 24

      （2） 生活価値観と生活目標………………………………… 25
          a. 生活価値観 …………………………………………… 25
          b. 生活目標 ……………………………………………… 27

      （3） 生活資源と生活展開…………………………………… 28

      （4） ライフスタイルの構築………………………………… 29
          a. 事例：主婦の生活価値観とライフスタイルの志向 …… 29
          b. 事例：大学生の生活価値観とライフスタイルの志向 … 31

    3 生活の社会化とQOL …………………………………… 32

      （1） 生活の社会化…………………………………………… 32
          a. 生活の社会化と消費社会の進展 …………………… 32
          b. 産業構造の変化と都市化 …………………………… 34
          c. 家族機能と家族規模の縮小 ………………………… 36

      （2） 生活の質（QOL）……………………………………… 37
          a. 豊かな生活 …………………………………………… 37

  b. 生活の質的向上への関心 …………………………… 38
  c. 生活の豊かさの測定 ……………………………… 39
  d. 生活の視点 ………………………………………… 39
 4 消費生活と生活経営 …………………………………… 40
  （1） 消費社会における生産世界と生活世界 …………… 40
  （2） 生活情報の活用と商品（モノ・サービス）購入 …… 42
   a. 商品情報と商品購入の判断基準 ………………… 42
   b. 消費行動の決定に影響を及ぼす要素 …………… 44
   c. 消費者資源 ……………………………………… 45
   d. 消費行動の決定への対応 ………………………… 46
  （3） 消費生活の現状と課題 …………………………… 47
   a. 消費生活の変化 ………………………………… 47
   b. 高度産業社会がもたらす環境問題と情報化への対応 ……… 48
   c. 生産・流通の国際化と消費の国際化 …………… 49

第2章 家庭・家族と生活経営 …………………………… 54

 1 家庭・家族の機能と家庭経営 ………………………… 54
  （1） 家庭・家族 ………………………………………… 54
   a. 家　庭 …………………………………………… 54
   b. 家庭の組織 ……………………………………… 55
   c. 家　族 …………………………………………… 55
  （2） 家族生活の存立条件とファミリーシステム ……… 55
   a. 家族生活の存立条件 …………………………… 55

		b.	ファミリーシステム ………………………………	56
	（3）		家庭像と家庭経営の基本的視点 ……………………	58
		a.	物質的条件 ………………………………………	58
		b.	人間的諸活動 ……………………………………	59
		c.	家族生活 …………………………………………	60
		d.	家庭経営の基本的視点 …………………………	61
	（4）		家族をめぐる諸問題 ………………………………	62
		a.	家族をめぐる諸問題 ……………………………	62
		b.	問題点と生活課題への対応 ……………………	65
2			家庭経済と家計管理 ………………………………………	65
	（1）		家計・家庭経済と国民経済 ………………………	65
	（2）		家計の構造 …………………………………………	67
		a.	収　入 ……………………………………………	67
		b.	支　出 ……………………………………………	68
		c.	収支のバランス …………………………………	69
	（3）		経済社会の変化と家計の変化 ……………………	70
	（4）		家計管理 ……………………………………………	71
		a.	家計管理と生活設計の概容 ……………………	71
		b.	家計管理の視点と手順 …………………………	71
		c.	家計の予算 ………………………………………	72
		d.	貯蓄・負債と家計 ………………………………	73
		e.	貯蓄・負債のもつ社会的意味 …………………	74
3			家庭の生活設計と生活時間 ………………………………	75

（１）家族のライフスタイルや価値観の多様化············· 75
　　　　a．結婚形態 ·· 75
　　　　b．職業観 ·· 76
　　　　c．重要視する家族のライフスタイル ················· 77

　　（２）生活設計の意義と方法································· 79
　　　　a．生活設計の視点 ·· 79
　　　　b．生活設計の方法 ·· 80
　　　　c．リスク管理：危機的事態への対応 ················ 80
　　　　d．家族のライフサイクルとライフステージ ······· 81

　　（３）生活時間··· 83
　　　　a．生活時間の分類 ·· 83
　　　　b．時間配分 ··· 83

4　生活空間と親子の家庭生活 ································· 87

　　（１）生活空間··· 87
　　　　a．住まいを取り巻く環境 ······························· 87
　　　　b．家族の生活の場としての住まい ··················· 88
　　　　c．住空間と住まい方 ····································· 89
　　　　d．住環境 ·· 90

　　（２）親と子どもの家庭生活································ 93
　　　　a．家族とのつながり ····································· 93
　　　　b．子どもとは何か ·· 96
　　　　c．家庭生活における家族の自立と共同・共生 ···· 100

第3章　地域との関わりと生活経営 …… 106

1　地域生活とガバナンス …… 106

（1）地域・社会生活領域における生活組織と生活活動 …… 106
　　a．生活組織とネットワーク …… 106
　　b．家庭・地域・社会領域における生活活動 …… 108

（2）地域・社会における自己形成空間の変化 …… 109
　　a．1960年代以前 …… 109
　　b．1960-1970年代（高度経済成長時代） …… 109
　　c．1980年代前半以降 …… 110

（3）地域福祉 …… 110
　　a．生活福祉を担う主体 …… 110
　　b．地域生活・福祉環境の構築 …… 111

（4）ガバナンス …… 115
　　a．現実の課題 …… 115
　　b．自立と共同・共生，および相互扶助の相互作用 …… 116

2　地域活動とエンパワーメント …… 117

（1）社会参加の概念 …… 117

（2）生活世界と地域活動 …… 121
　　a．生活世界の危機的状況と復権 …… 121
　　b．経済社会システムにおける地域活動の位置づけ …… 122
　　c．共的セクターの特徴 …… 123
　　d．アソシエーショナルな活動の分類と社会的意義 …… 124

（3）地域の活性化と自立した個人のエンパワーメント………… 125
　　　　a．所属する地域集団・社会活動団体と活動規範意識 ………… 125
　　　　b．地域活動による個人のエンパワーメント ………………… 128

　3　家庭・地域・社会の連携と地域生活環境 …………………… 130
　　（1）子どもや若者をめぐる家庭・地域・社会の連携………… 130
　　　　a．社会教育の本質的な変化 ………………………………… 130
　　　　b．居場所論 …………………………………………………… 132
　　　　c．大人と子どもの関係性の変容 …………………………… 133
　　（2）学校・家庭・地域の連携と融合………………………… 135
　　　　a．学校・家庭・地域の連携と融合 ………………………… 135
　　　　b．子どもと地域住民 ………………………………………… 136
　　（3）地域の生活環境課題……………………………………… 137
　　　　a．地域の重要な課題 ………………………………………… 137
　　　　b．地域の課題への対応 ……………………………………… 138
　　（4）地域生活環境の構築……………………………………… 139
　　　　a．地域生活者としての主体要件 …………………………… 139
　　　　b．共同・共生への道筋 ……………………………………… 141

第4章　市民社会における生活者としての権利と責任…………… 145

　1　男女（老若）共同参画社会と生活経営 …………………… 145
　　（1）主婦論争の議論展開にみる問題点……………………… 145
　　　　a．主婦の歴史的位置づけ …………………………………… 145

- b. 第1次主婦論争における論点 …………………… 146
- c. 第2次主婦論争における論点 …………………… 147
- d. 第3次主婦論争における論点 …………………… 148
- e. 主婦論争にみる問題点 …………………………… 149

（2）男女共同参画社会 ………………………………………… 151
- a. 基本理念 ……………………………………………… 151
- b. 男女共同参画基本計画 …………………………… 152

（3）家庭生活，地域社会への男女の共同参画 ………… 153
- a. 男女の職業生活と家庭・地域生活の両立の支援 …… 153
- b. 家庭生活への男女の共同参画の促進 …………… 154
- c. 地域社会への男女の共同参画の促進 …………… 154

2　消費者の権利と責任 …………………………………………… 155

（1）消費者問題とその背景 …………………………………… 155
- a. 消費者問題と消費者運動 ………………………… 155
- b. 消費者問題発生の要因 …………………………… 157

（2）消費者の権利と消費者保護 ……………………………… 158
- a. 消費者保護基本法 ………………………………… 158
- b. 契約の成立要件とその効力 ……………………… 159
- c. 消費者信用 ………………………………………… 160
- d. 多重債務と自己破産 ……………………………… 163

（3）消費者情報の活用 ………………………………………… 165

*

索　引　170

主体形成と生活経営

序　論　生活経営学の概容

1　生活経営学とは

　生活経営とは，人間が生きていく上で必要な家庭内外のさまざまな事象を，わたしたちが所有する物的資源・知的資源や人間関係などのさまざまな有限資源を用いて，合理的に管理・運営することを意味する。個々人のアイデンティティを尊重しつつ，家庭・地域・社会生活領域における複合的な生活者としての視点に立って，より充足した生活を管理・運営することが重要である。したがって，生活経営学は，人びとが快適で充足した日常の生活活動をより合理的に実践するために，生活上の改善すべき技術的な課題や経営的な課題を整理する理論であるといえよう。

　学問領域としての生活経営学の定義や扱う内容については，研究者の「生活」，「経営」という概念の捉え方により異なっている。村尾（2003：19-22）は，生活を「生命再生産現象」として，経営を「最小の犠牲（費用）で最大の効果（満足）を上げること」として規定した上で，生活経営学を「生命の再生産を経済的合理性に基づいて行ない，それによってより良い生命を作り出す営みについて研究する学問」と定義している。また，生活経営学を家庭経営学の発展的形態として理論的に位置づけている。堀田（2003：24-26）も同様に，「生活経営学は，当然家庭内の問題を中心にみる家庭経営学より，社会的問題・行動も入れるのでその対象範囲は広くなる」と学問領域の範囲

を位置づけている。その上で,堀田は,生活経営学の対象範囲を家庭内組織と社会と結びつく組織の2側面から捉え,経営の分析要素として,1つ目は,「生活技術的な処理」,2つ目は,「生活経済,家族関係,生活時間・エネルギー・家政労働問題」を含む「生活経営的な問題」を挙げる。

多様な生活価値観やライフスタイルがみられるようになり,生活の社会化が進展する現在では,実践的で合理的な生活経営を考察するには,わたしたちの「生活」をより幅広く,より多角的に捉えていく必要があろう。本書では,上記にみられるような生活経営学の基本的な理論や対象内容を踏まえつつも,生活主体である生活者の視座に立って,その生活意識や生活実態に即した生活のなされ方を実証的に捉えて,わたしたちが直面しているさまざまな生活課題への対応を展望しうる生活経営についての実践的な展開を試みたい。そのために,「生活は,絶えざる生命の維持,更新の過程から,自己実現,生きがいといった高次の人間諸活動を含む無数で多様な活動(行為)の束として成立している」と規定する『新社会学辞典』(森岡清美ほか編 1993:827)に基づいて,本書では,「生活」を生命・暮らし・人生という三重構造として捉える(長津 1997:1)。具体的には,①「生命」の維持・更新や世代的再生産にかかわる生理的・生殖的側面,②生計の維持・更新といった「暮らし」にかかわる社会的・経済的側面,③自己実現や生きがいの探求など個々人のアイデンティティの確立といった,いわば,その人なりの「人生」にかかわる精神的・文化的側面,の3側面に大きく分けられる(小谷 2002a:341-356,詳細は第1章1を参照)。わたしたちは,日常生活の中で生活という言葉を使うとき,その状況に合わせて,このような3側面の意味合いを,単独で,あるいは複合的に包含して用いている。こうした現状からも,本書では,「生活」を「生命・暮らし・人生」という三重構造をなすものとして幅広く,多角的に捉えて,その実践的・合理的な活動を目標とする「生活経営」について考察をすすめていくことにする。

2　生活組織体と生活活動の範域

産業技術の進歩やそれに伴う都市化の進展により住民の日常の生活活動の

範域は拡大し，その生活圏は私的生活領域（家庭），共的生活領域（地域），社会生活領域（社会）へと重層的な展開がみられる。このような家庭外への生活活動の広がりや，家族としての共同部分の縮小により，個人の自律的な生活が家庭における家族との対立的な二重構造として捉えられる傾向がある（岩田 1988：44-53）。その一方，家族員各人にとっての家庭は，社会から独立した私的生活の空間であり，日常生活領域の相対的な独自性と個別的な独立性を有しており（長嶋 1988：90），地域や職場などの共的生活領域や社会生活領域の集団と並列には捉えがたい。したがって，本書では，個人と集団，さらに集団を私的生活領域と共的・社会生活領域に分け，個人，家庭，地域，社会の4生活領域から生活を捉える。

とりわけ，有配偶女性には生活運営上のニーズのみでなく，生活の社会化，多様化や，ライフスタイルや価値観の変化などにより，家庭外に個々人のアイデンティティ形成のための生活展開を志向して，娯楽的，情緒的・感情的な自己充足的ネットワークを形成する者が増加している（小谷 2003a：427-439）。このようなネットワーク活動を通して，個人的関心から地域的・社会的関心へと変化し，共通の生活問題解決的なネットワークや近隣における自治的活動につながるネットワークなどに発展する可能性も展望される（中道・小谷 2006：1-16）。本書では，生活世界的視座から，各生活領域における生活活動や，重層的・連関的に拡がる生活領域への生活展開，およびその課題（小谷 2003b：49-63）を考察する。具体的には，生活領域別に分けて，第2章では「家庭・家族と生活経営」，第3章では「地域とのかかわりと生活経営」，第4章では「市民社会における生活者としての権利・責任」のテーマに沿って考察する。

3　生活者を取り巻く生活環境要素

生活主体を取り巻く諸生活環境要素は，M-Mシステムとして，ヒト（Man）と，ヒト（Man）・モノ（Material）・コト（Matter）・ココロ（Mind），との4つの生活システム的関係性から捉えることができる（米山 1983：11-12）。本書では，昨今の自然環境破壊への対応も考慮に入れ，ヒト

(Man) と自然 (Nature) の関係性を加えて (長嶋 2000：4)，生活主体と生活環境要素の相互作用を 5 つの関係性から捉える。

これらの 5 つの生活環境要素は，主体要素との相互作用性から，3 つに分けて関係付けることができる（詳細は第 1 章 1 (2) を参照）。1 つは，「生命」の維持・更新や世代的再生産にかかわる主体要素と，「ヒト (Man) － 自然 (Nature)」が関係付けられる。2 つ目は，生計の維持・更新といった「暮らし」にかかわる主体要素と「ヒト (Man) － モノ (Material)」，「ヒト (Man) － コト (Matter)」が関係付けられる。3 つ目は，自己実現や生きがいの探求など個々人のアイデンティティの確立といった，いわば，その人なりの「人生」にかかわる主体要素と，「ヒト (Man) － ヒト (Man)」，「ヒト (Man) － ココロ (Mind)」が関係付けられるであろう。しかし，各々は独立した要素でもある。これらの 5 つの生活環境要素は，わたしたちの生活活動において，三重構造をなす主体要素の醸成に各々個別に相互的作用もしている（小谷 2003b：26-28）。

4　生活者としての主体形成

わたしたち生活者は，上述したように，①「生命」の維持・更新と世代的再生産の活動，②生計の維持・更新にかかわる「暮らし」の経営，③個々人のアイデンティティの確立に裏付けられた「人生」の構築，という基盤的で自己規定的な主体の要素を相互関連的にかかわらせながら，そして，個人・家庭・地域・社会の各生活領域において，わたしたちを取り巻くさまざまな環境要素との相互関係によって生活活動を行なっている。

こうした生活活動は，わたしたち生活者自身の意識や実践力に大きく左右される。とりわけ，現代では多様なライフスタイルがみられるようになった。どのようなライフスタイルを選択し，どのように生活を構築していくのかは，自己責任のもとに個々人の意思決定に委ねられる。個々人にとって，より合理的・実践的な生活活動に対する意思決定をするには，何よりも生活者としてのわたしたち自身の主体性が醸成されていることが前提となる。

生活の質や豊かさの追求は，個々人の欲求が充足され，その満足感と生活

への安定感により高まる（岡村 1997：18-20）といわれている。個々人の欲求について，マズロー（1987：56-74）は，生理的欲求，安全と安定の欲求の充足といった「生命」や「暮らし」の安定を基盤として，所属と愛の欲求が満たされ，さらに，自分の存在を自他共に承認（self-esteem）しうる承認・自尊欲求が満たされることによって，より高次の自己充足の欲望・欲求が高められ，自己実現，生きがいといった自己到達目標に至ると述べている。

主体の醸成について，梶田（1996：6-7, 126-127）は，主体が醸成されると，「自分の深奥から突き上げてくる本能的な欲望・欲求に直接的には左右されにくくなる」，「関係するさまざまなことに広く目配りをし，それらを十分に考え合わせたうえで理性的に判断できる」，「自分の意識の基底にある固有の傾向性や内的渇き・内的促しを洞察・理解し，それが十分に実現していくよう長期展望にたって考えていけるようになる」と述べている。

本書では，このような主体要素の醸成を「主体形成」と規定して，「外部環境からのさまざまな情報を自己の内面的世界に適切な形で位置づけて，それらを新たな自己形成，自己創造の基盤として，本能的な欲望・欲求に直接的に左右されることなく，関係するさまざまなことを広く，深く配慮・熟考して，理性的に判断し得る能力を自らが積み上げていくこと」と定義している。

したがって，わたしたち生活者個々人の主体形成が段階的に醸成されていくことと相互に関連して，①「生命」の維持・更新と世代的再生産の活動から，②生計の維持・更新にかかわる「暮らし」の経営を経て，より高次な人間諸活動である③所属と愛の充足，セルフエスティームの充足，自己実現の追求など，個々人のアイデンティティの確立に裏付けられた「人生」の構築へと，関係するさまざまなことを広く，深く配慮・熟考して生活活動は展開されるのである。

本書では，これらを整理して，わたしたち生活者の主体形成の目標的枠組，および生活活動の目標的枠組となる生活経営を評価する指標を，Ⅰ．基本的な暮らし向き，Ⅱ．安心・安全な暮らし向き，Ⅲ．充足した関係，Ⅳ．セルフエスティームの形成，Ⅴ．自己成長努力，の5段階で示している（小谷 2002a：341-356）。生活者として，より合理的・実践的な生活活動を展開する

には，何よりもわたしたち自身の主体形成が前提となるため，まず第1章で，「生活者としての主体形成と生活経営」について考察する。

第1章　生活者としての主体形成と生活経営

1　生活・生活環境要素と生活者としての主体形成

（1）　生活についての概観
a.　生活の三重構造

　多様な生活価値観やライフスタイルがみられるようになり，生活の社会化が進展する現在では，実践的で合理的な生活経営を考察するには，わたしたちの「生活」をより幅広く，より多角的に捉えていく必要がある。生活主体としての生活者の視座に立ち，その生活意識や生活実態に即した生活のなされ方を実証的に捉えて，さまざまな生活課題への対応を展望しうる実践的な生活経営がなされなければならない。

　『新社会学辞典』(森岡清美ほか編 1993：827)では，生活は，「絶えざる生命の維持，更新の過程から，自己実現，生きがいといった高次の人間諸活動を含む無数で多様な活動（行為）の束として成立している」と定義されている。また，わたしたちは，日常生活の中で「生活」という言葉を使うとき，いわゆる英語の"life"という単語に包含される意味(1)と同様に，その状況に合わせて，「生命」，「暮らし」，「人生」といった3側面の意味合いを，単独で，あるいは複合的に包含して用いる。生活者の視座に立って，その生活実態に即した生活活動（行為）を捉えるとき，生活は，「生命・暮らし・人生」という三重構造をなす「生活（life）」として幅広く，多角的に捉えていく必要が

表1-1　生活の三重構造

人間の存在	生活主体の要素	「生活 (life)」：その活動（行為）
生理的・生殖的存在	生命の維持・更新	「生命」「命」：生存
社会的・経済的存在	生計の維持・更新	「暮らし」：生計，暮らし向き
精神的・文化的存在	高次の人間的諸活動	「人生」：生き方，生きざま，自己実現，生きがい

（出所）　小谷良子「専業的主婦のライフスタイルと自立と共同の認識」奈良女子大学大学院人間文化研究科『人間文化研究科年報』第17号，表1（2002a）を基底に作成。

ある。

　言い換えれば，**表1-1**に示すように，わたしたちは，①生理的・生殖的存在として，「生命」の維持・更新や世代的再生産にかかわる側面，②社会的・経済的存在として，生計の維持・更新といった「暮らし」にかかわる側面，③精神的・文化的存在として，自己実現や生きがいの探求など個々人のアイデンティティの確立といった，いわば，その人なりの「人生」にかかわる側面，の基盤的で自己規定的な主体の要素を総合的に束ねて，トータルな生活主体として「生活（life）」活動を行なっているといえよう（小谷　2002a：341-356）。

b.　生活活動の範域

　生活は，一般的に，公的生活と私的生活に大きく分類される。しかし，わたしたちの日常の生活展開の場に視点をおくと，公的生活領域（社会生活），共的生活領域（地域生活），私的生活領域（家庭生活）に分類して捉える方が現実的であろう。産業技術の進歩やそれに伴う都市化の進展により住民の日常の生活活動の範域は拡大し，その生活圏は私的生活領域（家庭），共的生活領域（地域），社会生活領域（社会）へと重層的な展開がみられる現代は，家庭外への生活活動の広がりや家族としての共同部分の縮小により，個人の自律的な生活が家庭における家族との対立的な二重構造として捉えられる傾向がある（岩田　1988：44-53）。その一方，家族員各人にとっての家庭は，社会から独立した私的生活の空間であり，日常生活領域の相対的な独自性と個別的な独立性を有しており（長嶋　1988：90），地域や職場などの共的生活領域や社会生活領域の集団と並列には捉えがたい。図1-1に示すように，わたしたちの生活は，個人と集団，さらに集団を私的生活領域（家庭）と共

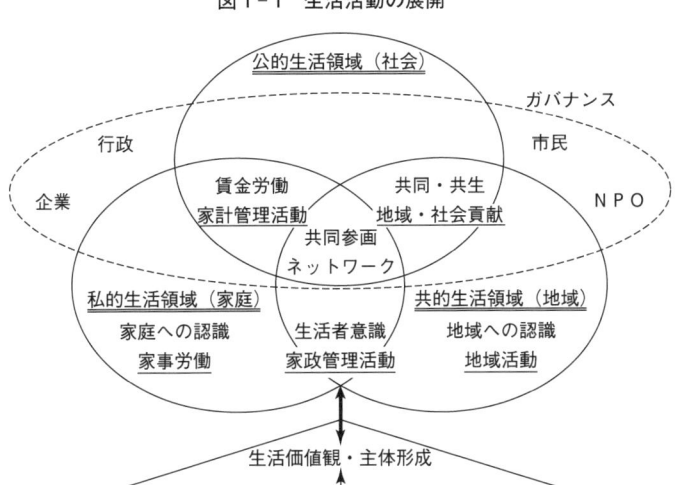

図1-1 生活活動の展開

（出所）小谷良子『専業的主婦の主体形成論——個人・家庭・地域生活者としての課題とその実証的研究』奈良女子大学博士論文，p.61，表3-1（2003b）を基底に作成。

的生活領域（地域）・公的生活領域（社会）に分け，それぞれ単独的に，あるいは複合的・重層的な関連を捉えることができる。

　私的生活領域（家庭）については，第2章「家庭・家族と生活経営」で，共的生活領域（地域）については，第3章「地域との関わりと生活経営」，公的生活領域（社会）については，第4章「市民社会における生活者としての権利・責任」で取り上げる。

c. 生活を説明する軸

　生活の実態や多様な生活事象の現状を把握し，そこにみられる課題を捉えるためには，いろいろな視角から生活を捉えていかなければならない。

　森岡（1993：1）は，生活とは一定の構造やスタイルをもちつつ，時間の範疇においてその意味を実現していくものであり，ある時点の人々の生活は，「同時に過去の生活を背負い，また未来の生活をはらんでいる」と述べる。わたしたちは，社会的背景や他者とのかかわりに影響を受けながらさまざ

な生活領域における地位や役割の取得・保持・離脱・逸脱といった複数の経歴をもち（中道 1997a：1），さらに未来に向かって新たな経歴を蓄積し，人生行路（ライフコース軌道）を模索しながら成長している。個々人のライフコース軌道の差異を生じる基本的な要素として，①歴史的・地理的な時空間上の位置（歴史的・文化的背景），②他者との社会関係（社会的統合・内面化），③個人の自己制御・人間行為力（個人の目標志向性），④年齢・時代・コーホート（同一年齢の人々の集合体）の交互作用などによる生活のタイミング（戦略的適応）があげられる（Giele, Elder 2003：48-52）。これらの要素を軸にして，新たに組織化を試みていく生活を説明することが可能になる（詳細は，第1章3（1）c.を参照）。

　その他に生活を説明する軸として，国際比較，男女比較，階層比較などがある。科学技術の進歩や経済発展により，情報，カネ，モノ，サービス，ヒト，などのすべての面でグローバル化が進んだ。生産，労働，金融，消費といった経済的な側面だけでなく，民間レベル，文化的側面においてもヒト，モノ，文化などの国際的な交流が盛んに行なわれている現代の日本人の生活を国際的な水準とのかかわりで捉えることも重要である（御船 1997：147-150）。

　また，わたしたちは，父・母として「生命」の世代的再生産にかかわる生理的・生殖的存在であり，夫・妻として「暮らし」の維持・更新にかかわる社会的・経済的存在であり，ひとりの男性・女性として各々の「人生」を構築していく精神的・文化的存在でもある。生理的・生殖的な男女差のみでなく，社会や文化によって規定されてきた性による役割分化の結果，「暮らし」や「人生」のあらゆるライフステージにおいて男女差がみられる。さまざまな価値観に基づくライフスタイルの多様化，経済的自立をする女性の増加，あるいは男女共同参画の推進などの政策により，今後はこのような男女差に変化がみられるようになると考えられている（長津 1997：3-4）。

　その一方で，少子・高齢社会に対応する国の社会福祉政策は，逼迫した財政のもとに，自助，共助，公助の活性化を促す「福祉ミックス」体制として，公的支援の縮小の兆しとともに，個人化と自己責任への転換を推し進めた（松村 2000：20）。どのようなライフスタイルを選択するかは生活者個々人の

自己選択に委ねられるとともに，自己責任が問われる。経済的発展により，一定水準の生活が達成され，国民の多くが中流意識をもつ時代ではあるが，その一方で，資産の格差も大きいといわれ，リストラによる経済的困難，母子家庭やひとり暮らしの高齢者世帯の経済的水準などの福祉にかかわる課題も取り上げられる。このような階層比較については，「経済的豊かさの内実と福祉の実態を明らかにする上で重要である」(長津 1997：4)。

d. システム論視座による生活展開と生活経営

わたしたちの生活は，例えば，生理的・生殖的側面，社会的・経済的側面，精神的・文化的側面に視座をおいた生活の質，あるいは，「生命」の維持・更新や世代的再生産の活動，生計の維持・更新などの「暮らし」の経営，個々人のアイデンティティの確立に裏付けられた「人生」の構築に向けた生活活動など，さまざまな機能をもち，多くの異なる要素によって成り立っている。それらは，各々相互に，あるいは複合的・重層的に作用をしあって，より充足した生活目標を達成するためにトータルに機能をしている。このようなさまざまな機能をもつ多様な要素がそれぞれ関連しあって，全体的な方向として目標に到達する機能のしくみ全体の現象をシステムといい，上記のような生活の捉え方を生活システム論とよんでいる。

ここでは，ディーコン(2000：19-26)の生活システム論視座による生活経営について例示し，その生活展開を概説しておく。図1-2に示すように，まず生活経営の要素として，インプット，スループット，アウトプット，フィードバックの4つの要素で構成される。わたしたちは，さまざまな生活の場面において，個々人の価値観に基づいて，ある目的を達成するために，目標を定めて，より充足した生活を追求している。その実現に向けて技術，能力，知識などの個々人がもつ人的資源や，モノやサービスなどの生活経営に関わるあらゆる資源を導入して，適宜情報を再調整する。

つまり，価値観，目的，目標に裏付けられた生活者個々人の【需要】と，適切な情報により調整された個々人がもつ【資源】が，それらに適合的な生活組織にインプットされる。インプットされた【需要】と【資源】は，個人サブシステム，あるいは／また，生活経営サブシステムのなかで【計画】

図1-2 生活システム論視座による生活展開と生活経営

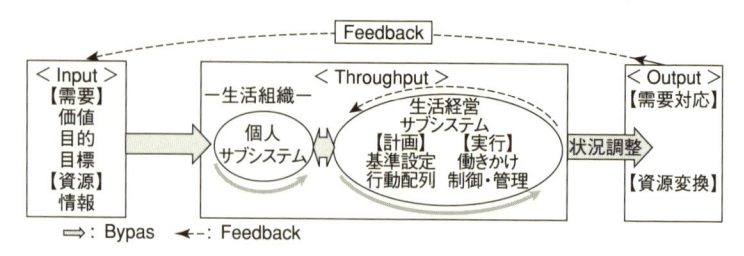

```
                        Feedback
         ┌─────────────────────────────────────┐
<Input>           <Throughput>              <Output>
【需要】      ─生活組織─                      【需要対応】
価値          ┌─個人─┐ ┌生活経営────┐
目的          │サブ  │ │サブシステム │ 状況調整
目標          │システム│ │【計画】【実行】│
【資源】      └──────┘ │基準設定 働きかけ│        【資源変換】
情報                   │行動配列 制御・管理│
                       └──────────────┘
    ⇒: Bypas    ←-: Feedback
```

（出所） Deacon, R. E. and Firebaugh, F. M., 2000, *Family Resource Management: Principles & Applications*, Allyn & Bacon, Inc., Ma. U.S.A., Figure 1-2 に依拠して翻訳, 一部修正・加筆により作成。

（基準設定, 行動配列）→【実行】（働きかけ, 制御・管理）され, あるいは必要に応じてフィードバックを反復しながら, 状況を調整して,【需要対応】（需要への対応）,【資源変換】（資源の醸成）という成果としてアウトプットされる。このような成果に十分な満足が得られない場合, あるいは, さらなる充足を求めて, 対応された需要と醸成された資源は, あらたな生活展開にインプットされる【需要】【資源】要素として, フィードバックされる。とりわけインプットされた物的資源は消費や分配などにより増減する動的資源であるため, スループットの次元では, インプット→アウトプット→フィードバックが複雑に反復される。このためスループットは, 単なる通過過程としては捉え難い。

このように, 生活経営は, より充足した生活を求めてインプット→スループット→アウトプット→フィードバックという一連のマネジメントが繰り返されるのである。

（2） 生活環境要素
a. わたしたちを取り巻く生活環境要素

生活主体を取り巻くさまざまな生活環境要素は, 生活主体であるヒト（Man）と, ①自然（Nature）・④ヒト（Man）・②モノ（Material）・③コト（Matter）・⑤ココロ（Mind）との5つの生活システム的な関係性に分けられる（長嶋 2000：4, 米山 1983：11-12）。

これらの5つの生活環境要素は、主体要素との相互作用性に視点を置くと、3つに分けて関係付けることができよう。まず、「生命」の維持・更新や世代的再生産にかかわる生理的・生殖的存在としての主体要素と自然（Nature）が関係付けられる。自然（Nature）は、生命体を維持し、活力や肉体的エネルギーの再生産などの生活主体の自己回復ないしは再生産を促進する。その反面、自然（Nature）は、エコロジーを配慮したライフスタイルの取り組みなど、ヒト（Man）の認識のあり方によって大きく左右される。したがって、グローバルなヒト（Man）と自然（Nature）との物質代謝として捉えるべき共存関係にある（古沢 1988：175）。

　次に、生計の維持・更新といった「暮らし」にかかわる社会的・経済的存在としての主体要素と、モノ（Material）やコト（Matter）が関係付けられる。モノ（Material）は、生計を維持するための所得が保障され、衣食住環境などの暮らしの安定をはかるための物的生活環境要素である。特に経済資源は、生活空間・生活時間と密接な関連をもちながら生活水準を決定する（岡村 1997：21）。また、経済的援助や家事援助、および身体的自立が困難な場合などの手段的サポートにかかわる公共サービス環境も含まれる。コト（Matter）は、暮らしの安定をはかるために必要な安全性・利便性とそれらの情報授受システムなど、わたしたちの生活行動とその制約関係を支える生活環境要素である。ネットワークを通じた情報収集や情報伝達などの地域生活環境や、辺地性、人間の関わる国土、歴史的環境なども含まれる。

　最後に、自己実現、生きがいの探求、個々人のアイデンティティの確立など、いわば、その人なりの「人生」にかかわる精神的・文化的存在としての主体要素と、ヒト（Man）やココロ（Mind）が関係付けられる。ヒト（Man）とヒト（Man）の関係は、家族・親族・隣人・友人などとのインフォーマルな関係と、上司-部下、恩師-弟子などのフォーマルな関係からなる個人のネットワーク形成環境である。現代は両者の中間に位置づけられるボランティア、障害者や同病者同士などの問題解決型のピアグループ（仲間集団）やそのネットワークが増加している。これらの人間関係は相互の情緒的サポートや、コミュニケーションを通じた情報の収集・伝達などの重要な資源となる（岡村 1997：22）。ヒト（Man）とココロ（Mind）の関係は、社

図1-3 「生活（life）」目標と主体形成の評価軸

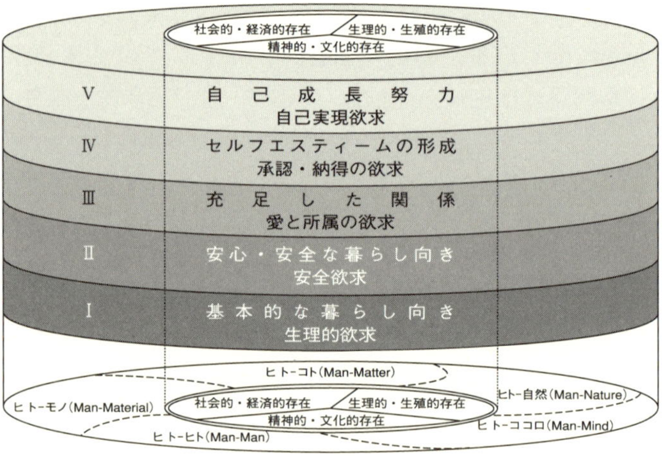

Ⅴ	自　己　成　長　努　力 自己実現欲求
Ⅳ	セルフエスティームの形成 承認・納得の欲求
Ⅲ	充　足　し　た　関　係 愛と所属の欲求
Ⅱ	安心・安全な暮らし向き 安全欲求
Ⅰ	基本的な暮らし向き 生理的欲求

上部楕円：社会的・経済的存在／生理的・生殖的存在／精神的・文化的存在

下部楕円群：ヒト-コト (Man-Matter)、ヒト-モノ (Man-Material)、社会的・経済的存在／生理的・生殖的存在／精神的・文化的存在、ヒト-自然 (Man-Nature)、ヒト-ヒト (Man-Man)、ヒト-ココロ (Man-Mind)

（出所）　小谷良子「専業的主婦のライフスタイルと自立と共同の認識」奈良女子大学大学院人間文化研究科『人間文化研究科年報』第17号，表1（2002a），および，小谷良子『専業的主婦の主体形成論――個人・家庭・地域生活者としての課題とその実証的研究』奈良女子大学博士論文，p. 29，図1-2を基底にして作成（2003b）。

会の規範や価値を内面化して具体的な生活場面に適応していくために必要（岡村 1997：23）な主体要素の醸成や，自己の精神的な意識形成をサポートする生活環境要素である。自己の固有の傾向性や内的渇き・内的促しを洞察・理解し，それを十分に実現するために不可欠である

　これらの5つの生活環境要素は，**図1-3**に示すように，わたしたちの生活活動において，三重構造をなす主体要素の醸成に各々独自に，あるいは複合的・重層的にも相互作用していると考えられる（小谷 2003：26-28）。

b.　現代社会の自己矛盾

　高度な生産力に支えられた現代社会において，わたしたちは，とりわけ，モノ（Material），コト（Matter）といった必要な生活維持の機能を市場や公共機関に委ねることで，生活の豊かさを実現してきた。その結果として，家族や親族組織，あるいは地域社会の結びつきの弱体化など，ヒト

(Man) やココロ (Mind) の関係性は希薄になった。また, 自然環境 (Nature) の破壊などの課題も深刻化しており, 資源問題や食糧問題, あるいは地域, 産業, ジェンダー, エスニシティ, 諸階層など, さまざまな主体に現代社会の複雑で多様な自己矛盾が露呈されている (矢澤 1997：165)。

　生活主体を取り巻く多様な環境要素は, 内面的な主体形成の目標達成を可能にする外的基準の資源として位置づけられる。外部環境から様々な情報を自己の内面的世界に取り込み, 適切な形で位置づけて蓄積することにより主体を醸成した生活者は, 責任の自覚や理性的な判断力に基づいて, 外部環境への配慮や, その維持・再形成という行為をフィードバックすることができる (梶田 1996：6-7, 126-127)。本来, 諸生活環境要素と主体要素は, 「人的資源形成」-「生活環境の維持・再形成」の相互作用的な循環関係にあると考えられる (ディーコン 2000：19-26)。わたしたち生活者一人ひとりが, 生活主体を取り巻くさまざまな生活環境要素との相互関係性の回復・改善に努力を払わなければならない。

(3) 生活者としての主体形成

a. 主体形成の定義

　多様なライフスタイルがあるなか, どのようなライフスタイルを選択し, どのように生活を構築していくのかは, 自己責任のもとに個々人の意思決定に委ねられる。個々人にとって, より合理的・実践的な生活活動に対する意思決定をするには, 何よりも生活者としてのわたしたち自身の主体性が醸成されていることが前提となる。

　主体形成とは, わたしたち自身の主体性が醸成されて, 外部環境からのさまざまな情報を自己の内面的世界に適切な形で位置づけて, それらを新たな自己形成, 自己創造の基盤として, 本能的な欲望・欲求に直接的に左右されることなく, 関係するさまざまなことを広く, 深く配慮・熟考して, 理性的に判断し得る能力を自らが積み上げていくことである。

　したがって, 主体形成がなされるにつれて, 自分の内面の深奥から突き上げてくる本能的な欲望・欲求に直接的には左右されにくくなり, わたしたちを取り巻く環境やわたしたちが関係するさまざまなことに広く目配りをし,

それらを十分に考え合わせた上で理性的に判断できるようになる。さらに、わたしたちは、自分の意識の基底にある固有の傾向性や内的渇き・内的促しを洞察・理解し、それが十分に実現していくよう長期展望にたって考えていけるようになる（梶田 1996：6-7, 126-127）。

b. 生活者としての主体形成とその評価軸

わたしたち生活者は、生理的・生殖的存在としての「生命」の維持・更新と世代的再生産の活動、社会的・経済的存在としての生計の維持・更新にかかわる「暮らし」の経営、精神的・文化的存在としての個々人のアイデンティティの確立に裏付けられた「人生」の構築、という基盤的で自己規定的な主体の要素を相互関連的にかかわらせながら、そして、個人・家庭・地域・社会と展開する各生活領域において、わたしたちを取り巻くさまざまな環境要素との相互関係によって生活活動を行なっている。

生活の質や豊かさの追求は、個々人の欲求が充足され、その満足感と生活への安定感により高まる（岡村 1997：18-20）といわれている。個々人の生活に対する欲求について、マズロー（1987：56-74）は、生理的欲求、安全と安定の欲求の充足といった「生命」や「暮らし」の安定を基盤として、愛と所属の欲求が満たされ、さらに、自分の存在を自他共に承認（self-esteem）しうる承認・自尊などの欲求が満たされることによって、より高次の自己実現、生きがいといった自己充足の欲望・欲求が高められ、自己到達目標に至ると述べている。わたしたち生活者個々人の主体形成がこのように段階的に醸成されていくことと相互に関連して、わたしたちを取り巻く生活環境の要素や関係するさまざまなことを広く、深く配慮・熟考して、図1-3に示すように、次のような5段階の生活目標が設定される。1番目は、「生命」の維持・更新などにかかわる生理的欲求が満たされる「基本的な暮らし向き」、2番目は、生計の維持・更新にかかわる安全欲求が満たされる「安心・安全な暮らし向き」、より高次な人間諸活動として、3番目は、愛と所属の欲求が満たされる「充足した関係」、4番目は、承認・納得の欲求が満たされる「セルフエスティームの形成」、5番目は、自己実現欲求が満たされる「自己成長努力」である。個々人のアイデンティティの確立に裏付けられた「人

生」の構築に至る生活活動を展開することは,わたしたちの生活目標であり,同時に生活者としての主体形成の様態を評価する軸として捉えられる(小谷 2002 a : 341-356)。

c. 自立と共同・共生

　少子・高齢社会に対応する国の社会福祉政策は,逼迫した財政のもとに,自助,共助,公助の活性化を促す「福祉ミックス」体制(松村 2000:21)として,公的支援の縮小の兆しとともに,個人化と自己責任へと政治思潮の転換を推し進めている。その一方で,社会の成熟化,消費領域の拡大,教育水準の上昇,情報化,グローバライゼーションなどが進み,人々の価値観や規範は多様化し,脱物質的価値体系が勝るようになり,自己決定や自律性への個人的要求が増大している。生活の質への関心が高まるなか,高度成長期の大量消費社会における受動的な生活者から主体的な生活者としての主体の変革が求められる。個人・家庭・地域・社会生活者としての「生命・暮らし・人生」に対する維持・改善・創造などの個々人のライフスタイルの形成には,生活者自身の「生活力とかかわる個人の自立,自己責任,自己選択が時代のコンセプトとなり,社会責任を自覚して社会に参画することが共同というタームで価値付けられた」(宮本 2000:18-20)。

　自立の概念は曖昧であり,学問分野や研究領域により定義を異にしている。福祉理念の転換などの社会変革の流れの中で,生活経営の視点では,「個人の自立のための共同」,「共同のための自立」のコンセプトで,生活者の自立とは,個人や家庭の枠をこえて,自立の対語である「依存」を前提にした自立さえも包含するものへとパラダイムを転換している(伊藤 2000:3-7)。したがって,福祉の利用を前提として成り立つ自立も自立概念に含めて,個々人の意思と自己責任による生活福祉環境の改善・維持への直接的,間接的な参与参画する生活者を自立した生活者として捉える。また,コヴィー(1996:54-56)は人間の発達過程を「依存から自立」,「自立から相互依存」へのプロセスと捉え,主体性,目的,価値観を礎に,基本的に自分のことは自分でやり,自己決定のできる,独立した人間として自立を捉えている。相互依存は,合意(解決策),理解,創造的な協力などを礎にした共同行為で

あり，生活経営の視点での共同を示唆するものである。生活福祉環境の構築のために，わたしたちは，日常の共的生活圏において，「共存・共属する他者との共通利害の認識のもとに，あるいは，多様な生活者間の共有・共感を通して共通の規範性を構築し，共同の紐帯を結びあうことによって」(中道 1997b：133-134)，共同を実践しなければならない。

また，社会がもつさまざまな自己矛盾の克服，並びに個々人のアイデンティティの確立や生活の充実に向けて，具体的個人の定立とその異質性や差異の容認，相互の対等性の容認と保障は，福祉を含む人間社会における共生概念に共通した理念としての前提となる。

さまざまな概念定義を整理すると，生活者の自立は，「主体性，価値観，目的に基づいた自己決定に伴う共的生活圏への行為の実践」として，また「共同によって高められるもの」として捉えられる。共同は，「個人の枠をこえた日常生活の集団レベルにおいて，生活者としての問題解決への合意，相互理解，創造的な協力などを根底にした福祉環境構築のプロセスとその実践行為」として，共生は，「共存する人々の普遍的な生活課題に依拠した市民価値意識や異質性・対等性などの価値規範の形成を伴う共同関係の構築を目標とする公共の福祉環境構築のプロセスとその実践行為」として捉えられる。

2 生活の基本的価値とライフスタイルの構築

(1) ライフサイクルと生活構造
a. ライフサイクル

ライフサイクルとは，ヒトも含めた生物が「生まれて成長し，繁殖してやがて死に至る過程の繰り返し」のことをいう (嶋田 1993：32-33)。生物の対象をヒトに限って，狭義にみれば，ライフサイクルは，生理的・生殖的存在として，時間の流れと共に「生命」の維持・更新や世代的再生産という生存と繁殖のスケジュールを意味する。現代に至るまでのそれぞれの時代に生きた人びとのライフサイクルは，その時代の社会的・文化的な背景によって異なっており (遅塚 1993：3)，出生数，死亡数，婚姻件数，離婚件数などの人口動態には歴史的変化がみられる (参照：図1-4)。

図1-4 人口動態総覧の年次推移
（平成16年10月1日現在）

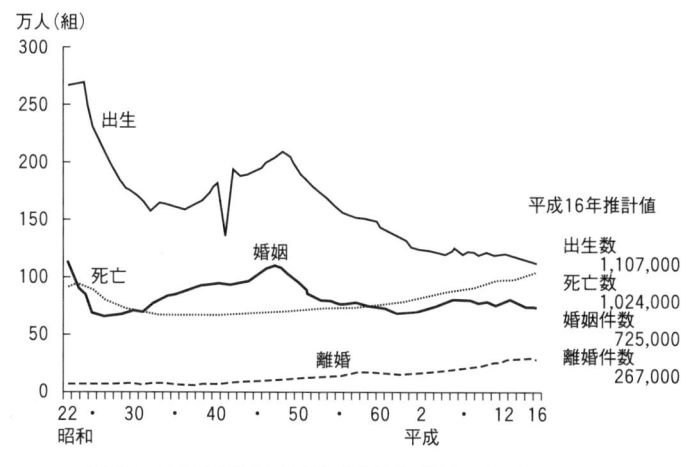

平成16年推計値
出生数 1,107,000
死亡数 1,024,000
婚姻件数 725,000
離婚件数 267,000

（出所）厚生労働省大臣官房統計情報部「平成16年 人口動態統計の年間推計」。

　顕著な変化として，平均寿命が延びたことと子どもの数が少なくなったことがあげられる。平均寿命の延びは，戦前に比べて乳幼児の死亡率が激減したこと，国民病といわれた結核がほぼ克服されたこと，高齢者自身が長寿になったことなどによるといわれる。**表1-2**にみられるように，1930年は男性・女性とも50歳に満たなかった平均寿命は，高度経済成長期に入った1960年には，それぞれ65.3歳，70.5歳に延び，以降2004年までの40年余りの間に，男性で13.3歳，女性で15.4歳延びて，それぞれ78.6歳，85.6歳となっている。しかし，延びた平均寿命の年数だけ余計に生きられるということではなく，50歳での平均余命は，1930年から2004年までの間に10数年ほど延びたにすぎない。平均寿命には，医学の進歩や衛生状態の改善により，乳児死亡率の激減や子どもや青年の死亡率の減少が反映されている。このような若年死亡の減少（少死）が保障されたことは，少産の1要因にもなった。

　出生率は，1930年は32.4‰（千分比），1990年は10.0‰，2004年は8.8‰となり，2005年の推定値は8.4‰である（2005年については，現時点では推

表 1-2 日本における人口動態の変化

	1930 （S 5）年	1960 （S35）年	1990 （H 2）年	2004 （H16）年
出生率（人口1000人当たり出生数）	32.4‰	17.2‰	10.0‰	8.8‰
合計特殊出生率（出産力）(注)	4.71人	2.0人	1.54人	1.29人
死亡率（人口1000人当たり死亡数）	18.2‰	7.6‰	6.7‰	8.2‰
1歳未満乳児死亡率（出生1000人当たり）	124.1‰	30.7‰	4.6‰	2.8‰
平均寿命（出生時の平均余命）	男 44.8歳	男 65.3歳	男 75.9歳	男 78.6歳
	女 46.5歳	女 70.2歳	女 81.8歳	女 85.6歳
50歳での平均余命	男 18.5年	—	男 28.3年	男 30.7年
	女 21.7年	—	女 33.4年	女 36.9年
年少人口（15歳未満）の総人口に対する比	36.6%		18.2%	13.9%
老年人口（65歳以上）の総人口に対する比	4.8%	—	12.1%	19.7%

（注） 合計特殊出生率（出産力）は，15歳から49歳までの女子の年齢別出生率を合計したもので，1人の女性が仮にその年次の年齢別出生率で生涯に産むとしたときの子どもの数に相当する。
（出所） 厚生労働省大臣官房統計情報部「人口動態統計の年間推計」（2006年6月公表），および，総務省自治行政局市町村課「住民基本台帳に基づく人口・人口動態及び世帯数」（2005年3月）を参照して作成。

定値のため表への提示を割愛する）。子どもの生まれる割合は，1930年に比べて1990年には3分の1以下になり，まもなく4分の1に近づく勢いで減少している。この背景には，主として産児制限の普及による女性の合計特殊出生率（出産力）の低下によるが，その他に，初婚年齢の上昇，女性就業者の増加，子どもの教育費の高騰，住宅事情の逼迫などのさまざまな社会的要因があげられる（遅塚 1993：7）。さらに，1930年からこの75年近くの間に，年少人口の比率は3分の1近くまでに減少し，老年人口の比率は約5％から約20％へと4倍に増大した。人口の老齢化は急速に進行しており，高齢者問題はますます深刻化していくと考えられる。

b. 生活構造

生理的・生殖的な年齢を軸にしたライフサイクルに沿って，人間の生活活動の過程を社会的・経済的側面，精神的・文化的側面から捉えると，各ライ

表1-3 ライフサイクルを軸にした生活構造

ライフサイクル区分 生活構造指標	未成年期		成年期前期・中期	成年期後期
	未就学期 0～5歳	就学期 6～19歳	労働期 20～39歳・40～59歳	引退期 60歳以上
生活的役割	大人になるための準備		職業・家事労働従事	職業からの引退
経済・生計	親からの扶養		就労収入または扶養	公的年金 他
主な生活空間	家庭・地域	学校・家庭	職場・家庭・地域	家庭・地域
主な生活時間	第1次／第3次	第1次	第1次／第2次	第1次／第3次
主な生活関係 (役割)	―	生徒・学生	職業役割	―
	子ども，きょうだい，孫		父母・夫婦など	父母・夫婦・祖父母
生活圏	── 拡大 →		← ほぼ一定 →	── 縮小 →
自由時間	── 減少 →		← ほぼ一定 →	── 増大 →
ネットワーク	── 拡大 →		← ほぼ一定 →	── 縮小 →

(出所) 岡村清子，1997，「生活と社会を考える」『現代社会と生活』建帛社，p.26，図表1-8に基づいて作成。

(筆者注) 生活空間は，第1空間（家庭），第2空間（職場・学校），第3空間（第1空間，第2空間以外の空間で生活圏ともいう）に分けられる。生活時間は，第1次（家庭），第2次（職場・学校），第3次（第1，第2以外の生活圏における生活時間）に分けられる。

フステージによって，わたしたちの主な社会的役割，経済・生計，主な生活時空間やかかわり合う人間関係などの変化が明らかになる。また，各ライフステージによって，個人・家庭・地域・社会の各生活領域の重層性や展開，自由裁量による時間や紐帯を結ぶネットワークなどの量的な変化もみられる。このように，性別や年齢，あるいは，社会的役割，経済・生計の状態，生活時空間やその生活関係にみられる役割などによって異なる複雑で多様な生活の編成を，生活構造という。

ライフサイクルと生活構造の関係でみた人びとの集団への参与について，岡村（1997：25-26）が整理した表を例示しておく（**表1-3**）。

ライフサイクルに軸をおいた生活構造は，ジェンダー視座から，社会的，文化的に規定された性による役割分化や，生理学的機能に依拠する年齢による生物学的役割などによる生活時間や生活空間への所属が自明視され，強く規範化された分節型社会であったが，現在は，その流動化が進み，脱分節型

社会に変りつつある（岡村 1997：26）。

こうした背景には，フレックスタイム制の導入やワークシェアリング，サテライトオフィス化などの進展など，就労形態の多様化があげられる。また，女性の有職化，高学歴化，生活の社会化などの進展がみられ，女性の自己実現に向けての主体形成も徐々に進んできた（牟田 1997：45）ことも背景にある。さらに，男女共同参画社会基本法の制定が行なわれ，少子高齢化の進展のなか，有配偶女性に対する期待は，例えば岡崎（1993：6）が述べているように，「高齢社会の経済構造を支える労働力への寄与，その高度化に対応できる労働市場への参入，あるいは福祉や地域社会の活性化への参画」と大きくなってきたことなども背景要因としてあげられる（小谷 2002b：129-141）。

c. ライフコース

個々人の選択により，結婚，出産をするか否か，結婚，出産の時期の幅の拡大や順序の入れ替り，生涯学習の普及による年齢規定の減少などもみられ，ライフコースの多様化の傾向がある。生活者個々人の生活活動の多様性は，家族のライフサイクルだけでは説明できなくなってきている。わたしたちは，社会的背景や他者とのかかわりに影響を受けながら諸生活領域におけるさまざまな地位や役割の取得・保持・離脱・逸脱といった複数の経歴を含蓄し（中道 1997a：1），さらに未来に向かってライフコース軌道を模索しつつ成長している。個々人の多様なライフコース軌道の差異を生じる基本的な要素として，ライフコース論では，図1-5に示されるように，3つの要素とその交互作用に着目する。①年齢（個人の自己制御・人間行為力に関連する個人の目標志向性），②時代（時空間上の位置における歴史的・文化的背景），③コーホート[(3)]（社会的統合・内面化に関連する他者との社会関係），④年齢・時代・コーホートの交互作用（生活の歴史的，社会的，個人的活動を統合させる戦略的適応であるタイミング）である（Giele, Elder 2003：48-52）。このようなライフコース接近法の原理を用いて，社会的に構造化された生活と個人的に定義された生活，および，これら双方から共時的，相互関連的に人々が反応し，目標をめぐって行動を意図し，利用できる資源を用いて出来事に対処し，行動を実行し，新たに組織化を試みていく個々人の継続的な生涯に

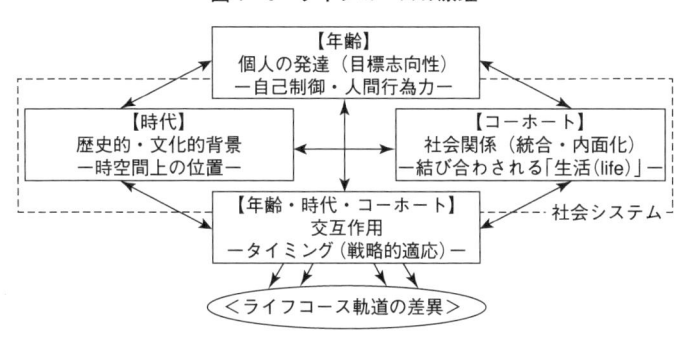

図 1-5 ライフコースの原理

```
              【年齢】
           個人の発達（目標志向性）
           ―自己制御・人間行為力―

  【時代】                    【コーホート】
歴史的・文化的背景            社会関係（統合・内面化）
 ―時空間上の位置―           ―結び合わされる「生活(life)」―

        【年齢・時代・コーホート】
              交互作用            ……社会システム
          ―タイミング（戦略的適応）―

           ＜ライフコース軌道の差異＞
```

（出所）　小谷良子「上級官僚のライフコース接近の意義と方法」中道實編著
『日本官僚制の連続と変化』ナカニシヤ出版, p. 28, 図 1-1 (2007)。

わたる適応的な多様な発達過程を説明することが可能になる（小谷 2007：25）。さまざまな機能をもつ多様な要素がそれぞれ関連しあって，全体的な方向として生活目標に到達する機能のしくみを捉えるという点では，生活システム論的視座（詳細は，第 1 章 1 (1) d. を参照）と共通しているといえる。

（ 2 ）　生活価値観と生活目標
a.　生活価値観

より充足した生活を追求するために，生活者個々人の価値観，目的，目標に裏付けられた要求と，適切な情報により調整された技術，能力，知識などの個々人がもつ人的資源やモノやサービスなどの生活経営に関わるあらゆる資源を，それらに適合的な生活組織にインプットする必要がある。インプット要素の 1 つとしてあげられる価値観は，基本的には生活主体の「生命」にかかわる生理的・生殖的な価値観，「暮らし」にかかわる社会的・経済的な価値観，「人生」にかかわる精神的・文化的な価値観にわけられる。具体的には，健康，家計，衣・食・住，愛と所属，セルフエスティームやアイデンティティ，自己実現などに対するさまざまな価値観がある。このような価値観に基づいて，それらを実践・実現することを目的にして，生活目標を設定するのである。また，次世代の再生産に携わる出産・育児・養育や，家族員の再生産に携わる家事労働などのシャドーワーク，居住地域・住民との関係

図1-6　年齢層別にみた「暮らし向き」と「生活満足度得点」

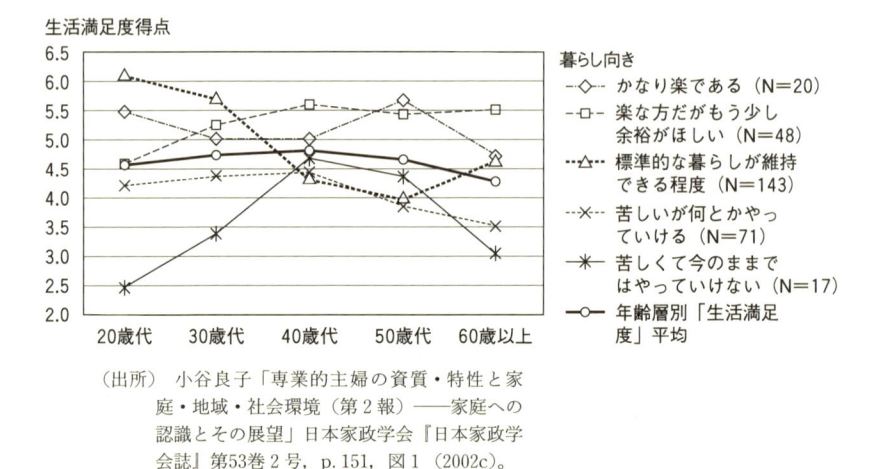

暮らし向き
- かなり楽である（N=20）
- 楽な方だがもう少し余裕がほしい（N=48）
- 標準的な暮らしが維持できる程度（N=143）
- 苦しいが何とかやっていける（N=71）
- 苦しくて今のままではやっていけない（N=17）
- 年齢層別「生活満足度」平均

（出所）　小谷良子「専業的主婦の資質・特性と家庭・地域・社会環境（第2報）――家庭への認識とその展望」日本家政学会『日本家政学会誌』第53巻2号，p. 151，図1（2002c）。

性，あるいは職業的キャリアに対する価値観などの家族・地域・社会に対する価値観や，生活主体と自然，モノ，コト，ヒト，ココロなどとの関係性にかかわる価値観もあげられる。

　しかし，生活者個々人のもつ価値観はそれぞれ異なっている。例えば，図1-6に示すように，有配偶女性（フルタイム就労者を除く）の経済的資源を基盤とする「暮らし向き」に対する認識と「生活満足度得点」との関係は年齢層によって異なっていることが読み取れる。20歳代，30歳代の育児期のライフステージにある有配偶女性と60歳以上の高齢期の有配偶女性は，「暮らし向き」の程度によって「生活満足度得点」に3.6の差がある。これに対して，40歳代の有配偶女性は，「暮らし向き」の程度による「生活満足度得点」の差は1.2である。また，「標準的な暮らしが維持できる程度」と回答した20歳代，30歳代の有配偶女性の「生活満足度得点」は高く，40歳代，50歳代の有配偶女性の「生活満足度得点」は低くなっている。必ずしも「暮らし向き」に対する価値観はどの年代層にも共通する価値観であるとはいえない。生活満足度得点に影響を及ぼす他のさまざまな要因が想定され，個々人の価値観は多様であると考えられる（小谷　2002c：143-155）。

b. 生活目標

　生活に対する価値観がどのように醸成されているかによって，生活者個々人の生活目標は異なる。わたしたちを取り巻く環境や関係するさまざまなことに広く目配りをし，それらを十分に考え合わせた上で理性的に判断できるような主体形成がなされて，それに適合的な価値観が形成されているなら，自分の意識の基底にある固有の傾向性や内的渇き・内的促しを洞察・理解して，その実現のために生活目標を設定することができる。生活者個々人の主体形成が段階的に醸成されていくことと相互に関連して，次のような5段階の生活目標が設定される。1番目は，「生命」の維持・更新などにかかわる生理的欲求が満たされる「基本的な暮らし向き」，2番目は，生計の維持・更新にかかわる安全欲求が満たされる「安心・安全な暮らし向き」，より高次な人間諸活動として，3番目は，愛と所属の欲求が満たされる「充足した関係」，4番目は，承認・納得の欲求が満たされる「セルフエスティームの形成」，5番目は，自己実現欲求が満たされる「自己成長努力」である（小谷 2002 d：341-356）。

　まず，私的集団としての家族および個々の家族員の生活の安定性，能率性，発展性をはかることや，愛情や尊敬に基づく関係性，充実感や生活満足度を高めることは，基盤的な生活目標として重要である。

　しかし，少子化・長寿化が進行するなか，特に経済低成長期に転じてからは，生活の場，愛情を感じる場としての家庭の機能を支えていた好条件が失われ，老人介護などの負担を担う家族の不平等感が拡大し，また，家族であることが必ずしも愛情や生きがいを保証しなくなるなど，自助と愛情を原則とする家族像に対するゆらぎが出てきている（山田 1997：49-50）。その根底には，性別や職業婦人・家庭婦人など相対的位置にある者を比較，ないしは差別（羨望，あるいは卑下を含む）することにより自己の存在理由の意味付けがなされてきた（上野 1982：270-271）ことは否めない。これらの相対比較的な議論により，内発的でポジティブな生活目標に基づいた女性のセルフエスティームの形成やアイデンティティの確立がなされたとは言い難い（小谷 2003：21-24）。

（3） 生活資源と生活展開

　生活資源は，目的や生活目標を達成するために用いられるあらゆる手段である。適切な情報資源により調整された技術，能力，知識などの個々人がもつ人的資源やモノやサービスなどの生活経営に関わるあらゆる対象はすべて生活資源となる。具体的には，生計を維持するための所得，衣食住環境などの暮らしの安定をはかるためのモノ，経済的援助や家事援助，および身体的自立が困難な場合などの手段的サポート，安全性・利便性とそれらの情報授受システム，ネットワークを通じた情報収集や情報伝達などの地域生活環境や，辺地性，人間の関わる国土，歴史的な環境，生活主体の自己回復ないしは再生産を促進する自然環境，家族・親族・隣人・友人や仲間，あるいは師弟・上司・部下などとの人間関係とその種々のネットワーク，などがあげられる。

　家庭・地域・社会への均衡のとれた男女共同参画の推進にもかかわらず，現実には今なお賃金労働に携わっていない専業主婦は有配偶女性の約半数を占めており，内職やパートタイムなどで賃金労働に携わり，かつ家事の主担当者である準専業主婦を合わせると有配偶女性の7割近くになる。これらの主婦のうち，社会参加をする者は3割程度しかいない。子どもからの依存度が低下した専業主婦や準専業主婦は趣味や学習グループへの参加といった活動に個人的な新たな生き甲斐を求める傾向があり，個々人の自律・自由を私生活領域に求める傾向が強い（小谷 2002e：45-52）。こうした背景には，これらの主婦自身の家庭環境や個人的資質・特性に規定され，職業活動や社会参加をすることに一定の限界があることも示唆されている（小谷 2002f：41-58）。このような時代的状況から，性別だけではなく，多様な属性をもつ具体的個人を定立し，各個々人がさまざまな資源へのアクセスができる機会を均等に与えられ，公正の行為を通して，相互に対等な関係性を確信し（似田貝 1997：37-38），個人を取り巻く家庭・地域・社会とのかかわりにおいて自己行為を実践する，いわゆる共生に対応し得る主体の形成が課題となっている。グローバル化社会を展望することが可能になる生活者の主体形成，及び地域・社会形成のパラダイムシフトとして，自立と共同のみならず，共生も

含めた理念に基づいて，わたしたち生活者個々人がどのような主体を再形成して家庭・地域・社会に生活を展開していくことができるのかということは今後の課題となる。

（4） ライフスタイルの構築

パートタイムなどの賃金労働を選択する主婦も増加したが，多くは家計を補助するためである。家事・育児・家計管理など家庭内の責任を全面的に自ら負っており，専業主婦や準専業主婦たち自身の性役割への固定観念は依然として強い（牟田 1997：44-53）。これらの根底には，家庭における妻・母の側面を前提にする社会通念的な期待と，それに応える主婦の意識が相互に織りなしてきた日本の家族の文化的・社会的構造がある。

女性個人として男性と同様の基準で賃金労働に携わるとき，妻・母として，または家族員としての家族への世話や気配りは，その質・量ともに期待を果たす可能性が激減する（暉峻 1989：128）。家族としての生活活動と，職業活動あるいは家庭外での地域・社会活動との間には相反するともいえる二重の生活意識構造が依然として引き継がれており（小谷 2002 f：41-58），現実のルーティン化した日常生活のなかで，独自の価値観，ライフスタイル，生活理念，生活規範，生活目標，生活課題解決の対処スタイルなどができる（岡村 1997：27）と考えられる（詳細は，第2章3を参照）。

a. 事例：主婦の生活価値観とライフスタイルの志向

生活価値観とライフスタイル志向との関連について，20歳以上の専業主婦および準専業主婦を対象に筆者が大阪府T市で実施した調査結果から，一例を提示しておきたい。

まず，充実感への志向性と多様性を問う項目から5つの生活価値観を示す因子が抽出された。①「自己研鑽志向因子」：自分自身の向上のために努力をすることに志向を示す項目群で構成，②「家族志向因子」：妻・母・主婦としての自分の存在に志向を示す項目群で構成，③「独り志向因子」：他人に迎合せず，独りで自主的・主体的な行動をすることに志向を示す項目，④「自己顕示志向」：他人や他人の目を意識して自分を演じることに志向を示す

図1-7 類型別にみる専業(準専業)主婦の
生活価値観とライフスタイル

凡例:
- 類型1 自主的行動型 (N=51)
- 類型2 新 Total Woman 型 (N=49)
- 類型3 人生模索型 (N=32)
- 類型4 New Famly 志向型 (N=72)
- 類型5 周辺環境受容型 (N=94)

横軸: 自己研鑽志向因子, 家族志向因子, 独り志向因子, 自己顕示志向因子, 娯楽志向因子

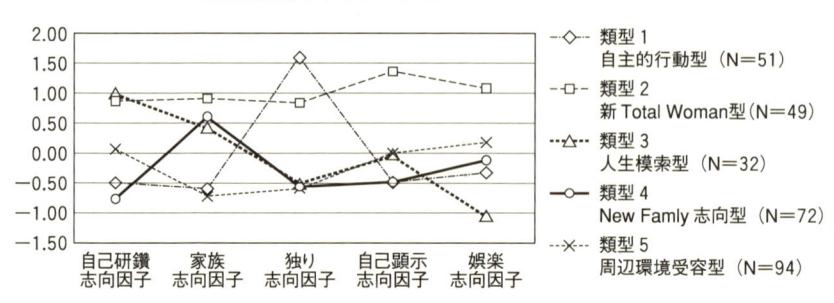

(注) k-means クラスタリング，N=298（欠測値を除く）。最初のクラスター数の観測値から選択し，クラスターの重心として設定。結果を得るまでの反復回数は3回である。
(出所) 小谷良子「専業的主婦の資質・特性と家庭・地域・社会環境（第1報）——資質・特性とその形成環境」日本家政学会『日本家政学会誌』第53巻2号，図1（2002a）。

項目群で構成，⑤「娯楽志向因子」：気の合う仲間や自分の興味に従った行動，あるいは安楽的なことに志向を示す項目群で構成される。さらに，それらをもとにしたクラスター分析の結果，5つのライフスタイル志向をもつ専業・準専業主婦に分類された（小谷 2002b：129-141）。**図1-7**に示すように，「類型1 自主的行動型」は，「独り志向因子」のみが1.58と高く，「家族志向因子」（−0.60），「自己顕示志向因子」（−0.51）など他の因子のクラスター平均値は低い。「他人に迎合せず，自分の主体性により行動をする時に充実感を抱くタイプ」である。「類型2 新 Total Woman 型」：「自己顕示志向因子」（1.32），「娯楽志向因子」（1.04）などすべての因子のクラスター平均値が高い。「娯楽への志向をもつ一方で，自分への評価を意識し，主婦業をこなしながら自己研鑽に励むタイプ」である。これらには，1970年代後半に，全米で幸せな家庭の主婦像として脚光を浴びた「自ら積極的な実践ができる良き妻・よき母である Total Woman（Morgan; 板橋訳 1976：248-250)」的な要素がみられる。「類型3 人生模索型」：「自己研鑽志向因子」（1.00）が高く，「娯楽志向因子」（−1.07）が低く，その格差は大きい。「独り志向因子」

も−0.56と低い。「主体性が低く，研鑽目標を模索しているタイプ」である。
「類型4 New Family志向型」：「家族志向因子」のみが0.59と高く，「自己研鑽志向因子」（−0.76），「独り志向因子」（−0.60），「自己顕示志向因子」（−0.48）などのクラスター平均値は低い。「家族への志向が高く，他人の目を意識せず，自主性や向上心も低いタイプ」である。現代の特徴的な家族像として，「Family」という新しいイメージの家族の凝集意識が指摘されており（岡崎1993：86，牟田1997：13-14），この類型にはその要素がみられる。「類型5 周辺環境受容型」：「家族志向因子」（−0.73），「独り志向因子」（−0.63）は低目だが，各平均値の差は大きくない。「個性的な特徴はみられないが，抵抗も少なく現状を受け入れるタイプ」である。

　なお，旧来からの住民地区の居住者は，「類型3 人生模索型」と「類型5 周辺環境受容型」がそれぞれ約3割を占め，「類型2 新Total Woman型」と「類型4 New Family志向型」はそれぞれ1割程度である。逆に，新しく造成されたニュータウン地区の居住者は，「類型2 新Total Woman型」と「類型4 New Family志向型」がそれぞれ約3割，「類型3 人生模索型」と「類型5 周辺環境受容型」はそれぞれ1割程度である。「類型1 自主的行動型」は，いずれの地区にも2割程度を占めている。学歴については，最終学歴が中学までを1点として順次加点し，大学以上を4点に得点化した類型別平均得点が相対的に高い類型は，「類型2 新Total Woman型」と「類型3 人生模索型」である。このように，充実感への志向性と多様性を問う項目から抽出された5つの生活価値観を示す因子に基づいて5類型化された専業主婦・準専業主婦が志向するライフスタイルは，居住地域や学歴にも規定されている。

b.　事例：大学生の生活価値観とライフスタイルの志向

　また，K大学の男女学生を対象に「将来，子どもをもちたい」かどうか，および，子どもをもつことの積極的理由と消極的理由を複数選択回答形式で尋ねた調査結果（中元2003）では，「将来，子どもをもちたい」と回答した学生は男女とも約95％である。約80％以上の男子・女子学生が選択した積極的理由は，子どもは「社会的財産」（市民的責任感の形成），「子どもが好

き」「生きがい」「愛の証し」（自己充足的生活価値観）などがあげられる。その反面，「他に優先事項あり」「夫婦のみで十分」など，子どもをもつことに消極的理由は男子学生の20％，女子学生の10％程度にみられる。「経済的制約」と「精神的制約」（両者とも男子学生：17.5％，女子学生：23.0％）の相関係数は$r \geq 0.8$と非常に高く，経済的制約は同時に精神的制約になっていることがわかる。

こうした自分たちのライフスタイルにおいて，仕事と子育ての「両立不安」（36.4％，41.8％），「経済的不安」（22.7％，8.0％），「精神的不安」（25.0％，30.0％）もあり，男子学生の約70％，女子学生の約80％が「子育て不安」を感じており，子育てに「自信がない」とする学生も，男女ともに約16％に達する。

しかし，子育てに対するさまざまな不安因子のうち，「経済的不安」を除いて，「両立不安」「精神的不安」「子育て不安」を選択した女子学生は，男子学生より多くなっている。社会的・文化的に引き継がれてきた性による役割分化によるライフスタイルは，次世代を担っていく現代の学生たちの意識の中にも，ある程度存続していると考えられる。

3　生活の社会化とQOL

（1）　生活の社会化
a.　生活の社会化と消費社会の進展

高度産業社会の進展や高度経済成長等がもたらした消費革命により，モノやサービスが普及し，わたしたち生活者の暮らしはモノやサービスの購入に依存することで成り立っている消費社会になった。モノやサービスの普及によるこのような生活領域の変化を「生活の社会化」という。

家事労働においても，三種の神器といわれた洗濯機，冷蔵庫，掃除機が家庭に普及し，家事労働は大幅に縮小された。後に，掃除機がテレビに代わって洗濯機，冷蔵庫，テレビが三種の神器といわれるようになった。テレビの普及により，家庭での家族の生活時間に変化がみられるようになり，家族機能も縮小の方向に向かった。その後も，新三種の神器ととして，3Cといわ

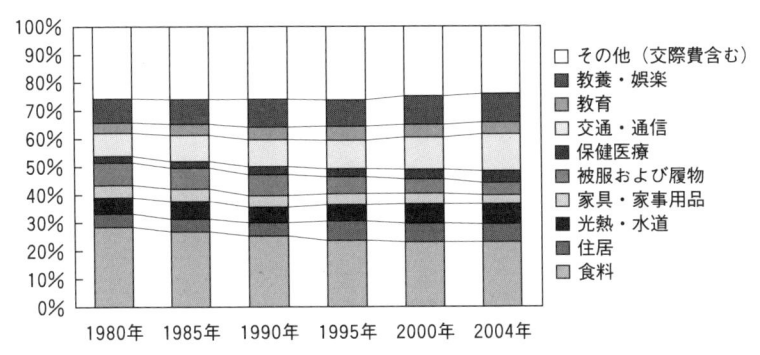

図1-8　1世帯当たり年平均1か月間の消費支出の内訳（全国の2人以上世帯）

（出所）　総務省統計研修所『日本の統計 2006』（「家計調査」）表19-1より作成．

れるカー，クーラー，カラーテレビが普及した．とりわけ，家庭電化製品の普及はめざましく，掃除機，冷蔵庫，洗濯機は1世帯平均1台以上所有しており，ルームエアコンやカラーテレビは1世帯平均2台以上所有している（「全国消費実態調査」2004年10月末現在）．また，「家付き，カー付き，ばば抜き」といった言葉も流行し，多世代同居家族から核家族へと家族規模も縮小していった．携帯電話の普及率は目覚ましく，自動車，カメラ，ステレオカセットやビデオテープレコーダーなども1世帯平均1台以上所有しており（前掲調査），家族機能や家族規模も縮小した現代では，わたしたち生活者の暮らしは，あらゆる項目にわたってモノやサービスを購入しなければ成り立たなくなった．

図1-8にみられるように，2004年には，単身者世帯を除いた全国1世帯当たり年平均1か月間の消費支出額のうち，食費は23.0％，住まいに関する出費は16.5％，衣料に関する出費は4.4％を占める．基盤的な衣食住生活のうち，住居費の全消費支出に占める割合は高くなってきているが，衣・食に関する出費が占める割合は，この24年間に徐々に減少しており，基盤的な衣食住にかかわる暮らしに要する出費の総額は，1980年の51.6％から，2004年には44.0％へと減少している．

その一方で，交通・通信費や保険医療費などサービスを購入する出費は顕

著に増加している。交通・通信費が全消費支出に占める割合は，1980年には8.0％であったが，2004年には12.9％に膨らんでいる。同様に，保健医療費が占める割合も，1980年の2.5％から2004年には4.0％に増加している。前者は，産業技術の発達により道路，交通網や情報システムの整備が進んだこと，あるいは都市への人口集中により都市近郊での宅地開発が進み職住環境が分離されたことなどにより，わたしたちの日常生活における行動範囲は拡大し，行動スタイルにも変化がみられるようになったことが大きな要因として考えられる。後者は，長寿化による医療費の増加も指摘される。

　また，単身者世帯を除いた全国1世帯当たり年平均1か月間の消費支出額は，1980年の230,568円から，徐々に増加し続け，1995年には329,062円となりピークになった。その後，縮小傾向になり，2004年の時点では302,975円である。しかし，1995年以降の1世帯当たり年平均1か月間の消費支出額の減少は，世帯人員の減少によるところが大きい。単身者世帯を除いた2人以上の世帯の世帯人員数の平均は，1980年の3.82人から減少していき，2004年には3.19人になっている。世帯員1人当たりの年平均1か月の消費支出額は，1980年の60,358円から，1995年には96,217円にまで増加し，その後はほぼ9万5千円前後で推移している。しかし，世帯の有業人員数もわずかに減少しているため，有業人員1人当たりが負担する世帯の年平均1か月の消費支出額は，1980年の148,754円から，2004年には214,876円と増加しており，世帯の家計を担う有業人員の消費支出に対する負担は膨らんでいる（「家計調査」：『日本の統計 2006』表19-1，総務省）。

b. 産業構造の変化と都市化

　戦争による混乱や貧困から脱出し，「もはや戦後ではない」との文言が1956年に発行された経済白書にみられる。その前年の1955年頃から1973年のオイルショックの年まで続いた戦後の急速な経済発展の期間を高度経済成長期という。1960年代には対前年比で，10％前後ないしはそれ以上の経済成長率で経済発展が続いた。オイルショック以降の1980年代には経済成長率4〜5％での推移となり経済成長は安定期になった（岡村 1997：8）。

　高度経済成長は，日本の産業構造に大きな変化をもたらした。生産世界に

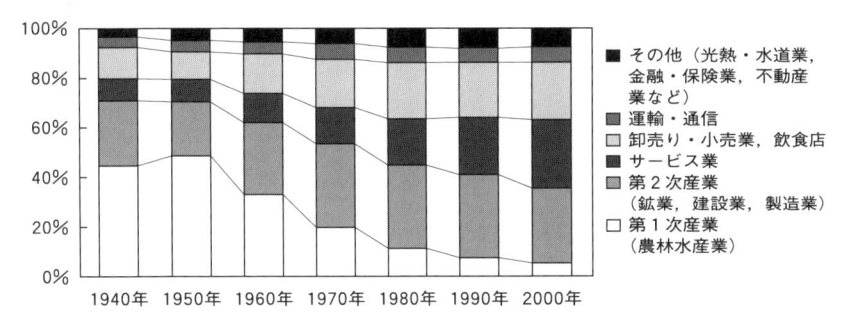

図1-9 産業別にみる就業者割合の変化

凡例：
- その他（光熱・水道業、金融・保険業、不動産業など）
- 運輸・通信
- 卸売り・小売業、飲食店
- サービス業
- 第2次産業（鉱業，建設業，製造業）
- 第1次産業（農林水産業）

（出所）　総務省「国勢調査（H12年）」第4表より作成。
（注）　第1次・第2次産業以外の産業は，第3次産業に分類される（一部の分類不能なものを除く）。

おける大量生産の担い手として，専門的・技術的職業従事者や事務従事者などの，いわゆるホワイトカラーとよばれる新中間層が量的に増大した。高度経済成長の過程で，雇用者の増大により人口の急速な都市集中による人々の空間移動の激化は，第1次産業の農林水産業就業者を著しく減少させた。第1次産業に代わって，第3次産業の就業者が増加した（図1-9）。光熱・水道業，金融・保険業，不動産業，運輸・通信業，卸売り・小売業，飲食店，サービス業など，第1次産業，第2次産業（鉱業，建設業，および製造業）以外の産業を含む第3次産業のうち，卸売り・小売業，飲食店，およびサービス業の増加は顕著である。

　人々は都会への移動により，「イエ」や「ムラ」などの磁場的な関係から空間的・物理的に切り離され，やがて内面世界においてもそれに十全には帰属しえなくなり，一方で，集団規範自体も揺らぎ始めた。都市部，農村部ともにface to faceの直接的な第1次的接触の日常的な人間関係が希薄になり，間接的な第2次的接触が優位となる社会関係が浸透した。とりわけ，人口が集中した都市部では，専門分化した諸機関や諸サービスに依存せざるを得ず，市場と公共機関から提供されるモノとサービスを購入することにより孤立した生活を維持するようになった。社会的共同消費手段であるインフラストラクチャー（道路，交通手段，上下水道，ガス，電気，し尿やゴミ処理場）や，文化施設（レジャー施設，美術館），集合住宅，教育施設，医療・福祉施設

などの整備は全般的に立ち遅れているが，都市化の規模により，1世帯あたり年平均1か月の消費支出額には差がみられる。町村から，小都市，中都市，大都市へと都市化の規模が大きくなるほど，1世帯の消費支出額，世帯の有業人員1人当たりが負担する消費支出額は高い（「家計調査」：『日本の統計 2006』表19‑1，総務省）。

c. 家族機能と家族規模の縮小

　高度経済成長期を1つの頂点とする都市化の進展は，日本の家族やコミュニティの変動をもたらし，地方の伝統的な地域社会の弱体化ないし解体を進行させた。一方で，特に郊外住宅地に大量に生みだされた新しいサラリーマン家族が，日本における家族の変化を牽引し，具現していったと考えられている。大都市郊外においては，「連帯的なネットワークの構造的再編とそのなかにおける夫婦関係の分離化傾向の増大という方向がみられるようになった（野沢 2000：109）」。つまり夫は職場の仲間，妻は近所の人々，子どもは学校の友達，という分離的なコミュニティの中に暮らすようになってきている。連帯的な職場ネットワークは，性別役割分業型の夫婦関係を当然視する規範が支配する「磁場」を形成し，夫の職場ネットワークと妻の近隣ネットワークが夫婦のあり方を構造的に外側から支えている傾向がみられるようになった。このような家族関係の変化にともない家族機能はいっそう縮小し，家族員の生活の個人化がみられるようになった。

　また核家族化にともない，家族規模も縮小した。戦後の混乱からの脱出期の1950年には平均世帯人員は約5人であったが，高度経済成長期初期の1965年に約4人に縮小し，1985年には約3人に縮小した。その後1995年には2.81人，2004年の国勢調査では2.67人となり，家族規模は縮小し続けている。特に，夫婦と子どもの世帯が減少し，子どもをもたない夫婦や子どもが独立したあとの高齢者夫婦のみで暮らす夫婦のみの世帯や，単独世帯が顕著に増加している（図1‑10）。

　このような家族機能や家族規模の縮小がみられるなか，家事労働の軽減や保育の社会化，生活の個人化，高学歴化による自己実現欲求やアイデンティティ欲求の高まり，さらに少子・長寿化による子育て後のライフサイクル期

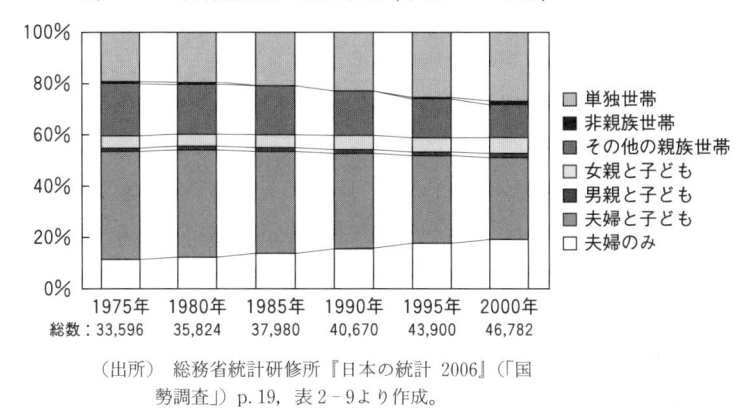

図1-10 家族類型別一般世帯数（単位：1000世帯）

凡例：
- 単独世帯
- 非親族世帯
- その他の親族世帯
- 女親と子ども
- 男親と子ども
- 夫婦と子ども
- 夫婦のみ

年	1975年	1980年	1985年	1990年	1995年	2000年
総数	33,596	35,824	37,980	40,670	43,900	46,782

（出所）総務省統計研修所『日本の統計 2006』（「国勢調査」）p.19, 表2-9より作成。

の延長，あるいは一定水準の生活の豊かさが達成されたことなどにより，多様なライフスタイルが追求されるようになった。

（2） 生活の質（QOL）

a. 豊かな生活

豊かな生活とは，生活者のおかれている時代的，社会的な環境状態や生活者個々人をとりまくさまざまな生活環境に大きく影響を受ける。わが国では，物質的貧困からの脱却を課題の1つとした戦後復興期から高度経済成長に至る過程において，人びとは物質的価値観を優位させたライフスタイルを追い求めてきた。その代償として，例えば，家族や地域の人間関係およびその機能は希薄化し，子育てのあり方，主婦の台所症候群，高齢者の孤独死など，さまざまな社会問題を生み出してきた。現代では，脱物質的価値体系が勝るようになり，人びとは心豊かな生活を求めて，自己決定や自律性への個人的欲求が増大している。

一般的には，豊かな生活は生活目標が達成されることによりもたらされる。わたしたちの生命体が危機にさらされることなく生存することができる「基本的な暮らし向き」が確保でき，一定の基準・水準の所得の保障され，衣食住や生活時間などの「安心・安全な暮らし向き」を維持・更新できることが

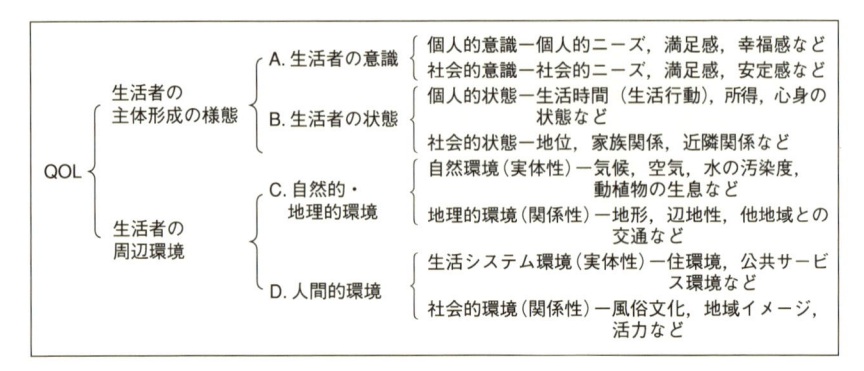

図1-11　QOL（Quality of Life）の評価対象

```
          ┌ 生活者の      ┌ A．生活者の意識 ┌ 個人的意識―個人的ニーズ，満足感，幸福感など
          │ 主体形成の様態 │                └ 社会的意識―社会的ニーズ，満足感，安定感など
          │              └ B．生活者の状態 ┌ 個人的状態―生活時間（生活行動），所得，心身の
QOL ┤                                     │           状態など
          │                                └ 社会的状態―地位，家族関係，近隣関係など
          │              ┌ C．自然的・    ┌ 自然環境（実体性）―気候，空気，水の汚染度，
          │              │  地理的環境    │                  動植物の生息など
          └ 生活者の      │               └ 地理的環境（関係性）―地形，辺地性，他地域との
            周辺環境     │                                     交通など
                        └ D．人間的環境  ┌ 生活システム環境（実体性）―住環境，公共サービ
                                        │                          ス環境など
                                        └ 社会的環境（関係性）―風俗文化，地域イメージ，
                                                              活力など
```

（出所）　金子勇・松本洸編『クオリティ・オブ・ライフ』福村出版，p.36（1988）を基底に作成。

前提となる。その上で，高次な人間的諸活動として，人びととのなかに自分が所属する場所があり，人びととの「充足した関係」が持続され，自分の存在を自他共に承認でき自尊感情をいだくことができるような「セルフエスティームの形成」，自己の内面性を引き出せるような自己実現欲求を満たせるように「自己成長努力」への自己決定がなされるとき，わたしたちは，生理的・生殖的，社会的・経済的，および精神的・文化的に充実した豊かな生活を実感するものと考えられる（詳細は，第1章1（3）を参照）。

b.　生活の質的向上への関心

　生活の質（QOL＝Quality of Life）は，個人を取り巻くさまざまな生活の場で展開される生活への評価であり，生活者個々人の主観的な意識面に依拠する。QOLは，さまざまな捉え方があるが，図1-11に示されるような生活のさまざまな事象がQOLを評価する対象となり，大きく2つに分けられる。1つは，個人的または社会的に，A．生活者自身がどのような生活意識を醸成させて，B．どのような生活状態にあるのかといった生活者自身の主体形成の質的な様態である。2つ目は，実体性または関係性に視点をおいた，C．自然環境や地理的環境，D．生活システムや社会関係を含む人間的環境は，生活者との間にどのような相互作用が形成されているのかといった生活

者の周辺環境である（詳細は，第1章1（2）を参照）。

c. 生活の豊かさの測定

経済的な豊かさを測定する指標として，国民総生産（Gross National Product）や国内総生産（Gross Domestic Product）があげられる。また，1960年代以降，国連やOECDによるQOLを捉える指標（社会指標）の体系化もなされてきた。わが国においても，1970年以降国民生活審議会が中心となって指標の開発がなされている。1974年に採用された「社会指標（Social Indicators）」に代わって，1986年には新体系の「国民生活指標（New Social Indicators）」が用いられるようになった。

1992年以降は，「豊かさ指標」＝「新国民生活指標（People's Life Indicators）」が用いられている。この指標の画期的な特徴として次の3点があげられる（経済企画庁（現内閣府）国民生活局 1996：10）。1つ目は，社会の側からでなく，生活主体に視点を置いた表現法になっていることである。2つ目は，経済活動優先ではなく，**表1-4**に示すように，3領域・8活動に視点を置いた生活優先の捉え方をしていることである。3つ目は，①一般的に一致する評価として，「安全・安心」という個人の基本的欲求の軸を設定し，②個人的状況により異なる評価として，「自由（生活面での自己選択の幅を示す軸）」，「快適（より気持ちよく生活できるかという快適さのレベルを示す軸）」の2軸を設定し4つの生活評価の指標を設定していることにある。

d. 生活の視点

わたしたち生活者がどの部分に重きをおいた生活活動を展開し，どの視点から生活を評価してきたかは，その時代の社会的背景により異なっている。総理府（現内閣府）の「国民生活に関する世論調査」の結果は，国民の豊かさに対する価値観は「モノの豊かさ」から「ココロの豊かさ」へ移行し（1979年），国民の関心は「衣食住や耐久消費財」から「レジャー・余暇生活」へ移行している（1983年）ことを表わしている。すなわち，わが国は「経済大国」から「生活大国」へと移行し，一定の「豊かな生活・安定した生活」が確保された現代では，人びとは，精神的・文化的な人間的諸活動の

表1-4　生活主体に視点をおいた生活優先の「新国民生活指標（PLI）」の特徴

評価対象の活動領域	評価活動	評価の概容
第一次的活動 （生理的・生殖的必要）	住む	住居，住環境，近隣社会の治安等の状況
	費やす	収入，支出，資産，消費生活等の状況
	癒す	医療，保健，福祉サービスなどの状況
第二次的活動 （社会的・経済的必要）	働く	賃金，労働時間，就業機会，労働環境等の状況
	育てる	（自分の子どもの）育児・教育支出，教育施設，進学率等の状況
第三次的活動 （精神的・文化的必要）	遊ぶ	休暇，余暇施設，余暇支出等の状況
	学ぶ	（成人の）大学，生涯学習施設，文化的施設，学習時間等の状況
	交わる	婚姻，地域交流，社会的活動等の状況
評価	軸	評価の幅とレベル
①一般的に一致する評価	安心・安全	個人の基本的欲求の軸
②個々人に異なる評価	自由	生活面での自己選択の幅を示す軸
	快適	より気持ちよく生活できるかという快適さのレベルを示す軸

（出所）　経済企画庁国民生活局，1996，『平成8年度版　新国民生活指標』p.10に依拠して作成。

展開に価値をおいていると考えられる。

　自然と人間の身体的関係性を含めた自然環境の諸課題，人間が作り出した生活構造における時間・空間・制度・文化などの社会環境の諸課題，あるいは，子ども・産む性である女性・高齢者の管理社会への適応の難しさなどを含めた誕生から死に至るまでの生命サイクル全般にわたる諸課題など，わたしたち生活者が抱える課題は多い。自分の生活を守り，多様な選択肢から自分の生き方を選ぶだけでなく，当事者自らが既存の規制や価値観に捉われず生活目標に適合的な新しい選択肢を創造していくことが重要である。

4　消費生活と生活経営

（1）　消費社会における生産世界と生活世界

　生活を狭義に社会的・経済的な側面から捉えるとき，わたしたちの「生活

図1-12　消費社会における生産活動と生活活動

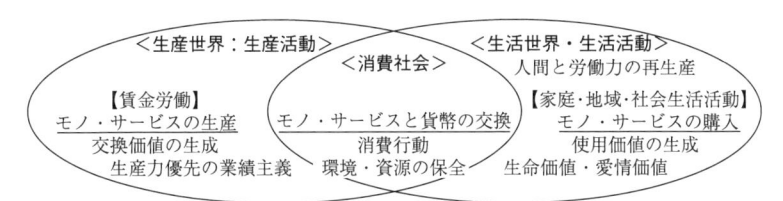

```
      ＜生産世界：生産活動＞              ＜生活世界・生活活動＞
                       ＜消費社会＞        人間と労働力の再生産
      【賃金労働】                        【家庭・地域・社会生活活動】
      モノ・サービスの生産   モノ・サービスと貨幣の交換   モノ・サービスの購入
      交換価値の生成              消費行動              使用価値の生成
      生産力優先の業績主義      環境・資源の保全        生命価値・愛情価値
```

（出所）　小谷良子『専業的主婦の主体形成論――個人・家庭・地域生活者としての課題とその実証的研究』奈良女子大学博士論文，p.8（2003b），および，佐古井貞行『消費生活の社会学』筑波書房，p.134（1994）を基底にして作成。

（暮らし）」は，モノやサービスの購入に依存することで成り立っていることがわかる。高度産業社会の進展や高度経済成長などがもたらした消費革命により，モノやサービスが普及し，わたしたちは消費者として消費社会のなかで暮らしている。このような消費社会において，モノやサービスを生産する労働の次元は「生産世界」とよばれる。これに対して，モノやサービスの購入に依存した消費でなりたつ生活次元は「生活世界」とよばれている。

「生産世界」における生産活動は，生産力が最優先される業績主義であり，仕事の効率や規律が重視され，高度な科学技術や機械・装置を扱う知識や技術が求められる（岡村 1997：24-25）。「生活世界」における生活活動は，家族を中心とした家庭や，居住地近隣，あるいは一定の地域・社会で展開される。とりわけ，愛情に裏付けられた家族員個々人の生命の維持・更新や世代的再生産といった家事・育児を通した人間とその労働力の再生産活動や，家庭・地域・社会生活環境の維持・更新といった地域・社会活動でなりたっている。

図1-12に示すように，「生産活動」では，賃金という代価が支払われるわたしたちの労働によって，モノやサービスが生産され，「交換価値」が生成される。一方，「生活活動」では，人間とその労働力の再生産活動のさまざまな過程において，モノやサービスを購入する必要性が生まれ，「使用価値」が生成される。

この2つの世界が重層する「消費社会」では，モノやサービスと貨幣との交換が行なわれる。しかし，モノやサービスに依存して成り立つ「生活世界」では，「生産世界」の価値観を付与されたモノやサービスを購入せざる

を得ない現実もあり，わたしたち消費者は，「生産世界」の業績主義に裏付けられた価値観に左右されやすい（小谷 2003：61）。モノやサービスに対するニーズの増大により，消費者は生産世界の業績主義の価値観を優先させたモノやサービスを受動的に購入せざるをえず，「消費社会」はますます肥大化している。このような現実に対して，生産者と消費者はともに生活者であるという生活者の論理に基づき（岡村 1997：25），生活者の視線からみて不適切なモノやサービスの不買運動や，産地直送システムの構築，共同購入の利点を生かす生協活動などの新しい動きがみられる。

（2） 生活情報の活用と商品（モノ・サービス）購入
a. 商品情報と商品購入の判断基準

わたしたちは，モノやサービス購入に際して，多様な情報のなかから自分に必要な商品の的確な情報を収集し，それらを判断資料にして，消費行動を決定をしなければならない。消費行動とは，一般的には，狭義にモノやサービスと貨幣との交換（購入）という事業者と購入者との取引をさす。しかし，高度産業社会の進展や高度経済成長にともなう消費革命により露呈した地球規模での環境破壊や限られた資源の保全への生活者としての対応や，さまざまな消費者問題などを含む諸問題への消費者としての対応（（財）消費者教育支援センター 1998：96）を視野に入れてより広義に捉えられる。このような消費行動をする主体は消費者と定義され，モノ・サービスを生産・提供する事業者に対立する概念として位置づけられる。

モノ・サービスの購入にあたっての判断基準となる事項を諸先行研究（Bannister and Monsma；長島ほか訳 1996：7-8, Bonnice and Bannister 1986：5, 山口 2002：149-151）を参照して整理したものを**表1-5**に列挙しておく。まず，現在の状況に対処するための問題を明確にし，購入の必要性，購入欲求などの判断基準に基づき，購入目標を特定することが重要である（①）。また，商品広告や商品購入の勧誘などにより購入を検討する場合には，商品に対する誤った情報や詐欺などへの疑念を考慮して，正しい商品情報や商品の選択肢などの情報を収集する必要がある（②）。さらに，商品を選択するにあたって，購入金額と支払い方法について，収入と貯蓄額などを考慮した金融資

表 1-5 商品購入の判断基準となる事項

消費行動決定へのプロセス		判断基準
狭義 ①〜④	①現況への対処としての目標を特定	問題の明確化，購入の必要性，購入欲求など
	②情報収集と選択肢の検討	誤まった情報，詐欺への疑念など
	③金融資産管理プロセスの検討	支払，貯蓄，投資，借入，財産保護，納税，所得など
	④モノ・サービスの購入	①〜③を総合した適切な基準で選択・決定・購入
広義 ①〜⑦	⑤生活者としての資源の保護	狭義消費行動に対する適切さと価値評価：消費的でなく効果的な資源保存・利用への配慮
	⑥市民としての行政参加	消費社会システムに係る企業や政府・自治体の政策決定に対する支持，あるいは異議の提唱とその解決策の示唆
	⑦消費社会改善への影響力行使	消費者利益に影響する社会内部の政策・制度・システム修正への影響力を行使

産の管理プロセスへの配慮がなされなければならない（③）。これらの段階を経て，総合的に適切な基準でモノやサービスの選択・購入可否の決定をくだし，狭義の消費行動である購入（購入の決定をしても行動に移さない場合もある）が実行される（④）。

　上記のような一連の狭義の消費行動決定に対して，購入目的，選択・決定・購入の各プロセスにおける判断の適切さと購入価値を評価することは重要である。購入商品によっては，生活環境破壊や資源の保全を視野に入れて，消費的ではなく，効果的な環境・資源の利用・再利用などへの生活者としての配慮がなされているかが評価されなければならない（⑤）。また，消費社会システムに係る企業や政府・地方自治体の政策決定を単に受動的に受入れるのではなく，政策決定に対する支持，あるいは異議の提唱とその解決策の示唆・提案をするなど，消費行動の経験や評価に基づく市民としての主体的な行政への参加がなされなければならない（⑥）。さらに，消費行動の結果，消費者として得られた情報を発信することは，さまざまな消費者問題からの消費者保護や消費者利益に影響を及ぼす社会内部の政策・制度・システムの修正・改善にむけた影響力を行使することにもつながる（⑦）。

　例えば，購入商品に対する消費者苦情は，企業（事業者）や社会が適切な苦情処理を行なうことにより，消費者個人の直接的な利益だけではなく，モ

ノ・サービスの改良,広告・表示の改善につながり,より安心できるモノ・サービスを社会に提供することが可能になる(窪田 2000:72)。個々の消費者の消費行動の評価は,個人的問題として捉えるのではなく,企業(事業者)や社会にとっても改善に影響を及ぼす社会的意義のある消費行動として広義に捉えていく必要がある。

b. 消費行動の決定に影響を及ぼす要素

上述のように,わたしたちは,さまざまな判断基準に基づいて狭義,広義の消費行動の決定をする。しかし,消費行動決定の各プロセスにおいて,個々の消費者自身の資質・特性などの内在的要素や,個人を取り巻く外在的な環境要素,あるいは個人の生きてきた時代的背景に影響を受けるため,選択・決定された消費行動には多様性がみられる(Bannister and Monsma; 長島ほか訳 1996:13-21, 山口 2002:152-153, 小谷 2003b:222)。

消費行動の決定に影響を及ぼす消費者個人の内在的要素については,①個人的な資質・特性,②主体形成の様態,③経済的資源・人的資源・地域社会資源・自然環境資源・科学技術的資源などの個人が所有する資源(詳細は次の「c. 消費者資源」を参照),④ライフサイクル(個人または集団が一生の間に通過する一連の段階),⑤ライフスタイル(資源,役割,価値,目標,必要性,欲求などによって影響を受ける個人の特徴的な生き方)などがあげられる。

個人を取り巻く外在的な環境要素については,①自然環境や天然資源などの物理的・生態学的環境,②科学技術の進歩による実用的使用価値の生成などの科学技術的発展,③モノ・サービスの生産-流通-消費の機構または構造などの経済システム,④行政・公共政策に影響を与える各勢力の機構または構造などの政治システム,⑤社会における人間関係などの社会システムによる影響,などがあげられる。

個人の生きてきた時代的背景については,インフレやデフレによる圧力,経済成長に対する態度,経済的な相互依存関係,資本集中,公共部門の成長と評価,所得分配のパターンなど社会経済的な背景,労働人口の変化,サービス消費の増加,男性と女性の役割変化,生活価値観の変化,ライフスタイ

ルへの関心，未来への動向・展望など生活行動や生活意識の時代的背景，あるいは，政治活動組織などの政治的な背景など，その時代に特有の状況による影響があげられる。

c. 消費者資源

わたしたちは，日常の生活システムのなかで，個々人の価値観，目的，目標に裏付けられた需要を満たすために個々人がもつさまざまな資源を導入し，適宜情報を再調整しながら基準を設定し，どのように行動を配列するかなどの計画を立てて，生活活動を実行・展開している（Deacon 2000：19-26）。とくに，消費者としての消費行動に導入可能な資源を消費者資源とよぶ。日本の消費者教育が先例とするアメリカの消費者教育の教科書では，①経済的資源，②人的資源，③地域社会資源，④自然資源，⑤科学技術的資源に分類している（Bannister and Monsma; 長島ほか訳 1996：15-17）。

①経済的資源には，定期的・継続的な労働による経常収入，不定期的・非継続的な賃金労働所得・手当て・給付金・贈与などの特別収入，貯蓄・投資などが含まれる。②人的資源には，時間，エネルギー，技術・知識・能力などの消費者としての実践力，および家族・親戚・友人・職場の人間関係とそのネットワークなど情緒的サポートや情報収集・伝達資源など，ヒト－ヒト，ヒト－ココロの関係要素が含まれる。③地域社会資源には，各種文化活動・公立学校・図書館などの施設，警察・消防署，自動車道路，あるいは地域ネットワーク，公共サービス環境など居住地域における生活の手段的サポートを含む地域生活環境のヒト－コトの関係要素が含まれる。④自然資源には，空気や水，石油，鉱物，木材，土地など，ヒトと自然とのグローバルな共存関係に依拠する生命体の維持・再生産を促進する物質代謝としての生活環境要素が含まれる。⑤科学技術的資源には，車，電化製品，通信システム（電話・FAXなど）など，暮らしの安全性・利便性や，生活行動とその制約関係を支える，特定地域を越えて普遍的なヒト－モノ，ヒト－コトの生活環境要素が含まれる。

とりわけ，経済的資源は消費や分配などにより増減する動的資源である。自分の価値観や自分が所有する各消費者資源の特性を理解し，資源の限界を

認識し，賢い消費者として，浪費をしない有効的な資源の保護・醸成・利用・変換を考慮した適切な要求への対応が望まれる。

d. 消費行動の決定への対応

以上述べてきたように，まず個人や家族の現況の生活における問題の明確化，購入の必要性，購入欲求に促されて，商品の情報収集や個人のもつ経済的資源やその他の消費者資源を考慮した上で消費行動の決定に至る。すなわち，個人や家族の生活経営上の個人的・私的な環境適応的な狭義の消費行動の決定である。しかし，企業の生産価値を優先させた消費社会においてさまざまに露呈される消費者問題からの消費者保護，あるいは，自然環境資源の保持・回復などの課題がある。これらの課題に対応する消費社会の制度やシステムの改善に向けて，消費行動の経験に基づく当事者の認識をもって個人や家族の意思を政策や企業経営などに反映させるために，自然環境保護・回復活動や政策決定への自発的な参加をするなど，社会的責任を自覚して環境醸成的な広義の消費行動を実践することが個々の消費者に求められている。

消費者としての社会的責任の自覚や環境醸成的な実践力を自ら積み上げていく上で重要なことは，個々の消費者自身の資質・特性などの内在的要素や，個人を取り巻く外在的な環境要素，あるいは個人の生きてきた時代的背景，などの消費行動に影響を及ぼす要素への主体的な対応である。「外部環境からのさまざまな情報を自己の内面的世界に適切な形で位置づけて，それらを新たな自己形成，自己創造の基盤として，本能的な欲望・欲求に直接的に左右されることなく，関係するさまざまなことを広く，深く配慮・熟考して，理性的に判断し得る能力を自らが積み上げていく」という主体形成（詳細は第1章1（3）を参照）にかかわる課題となる。すなわち，消費行動の決定と主体形成は相互作用的に関連しており，消費行動の決定は，主体形成の様態に左右される。個々の消費者の目標達成に向けて，時代的背景や外部環境からのさまざまな情報を取り込み，客観的に，あるいは批判的思考をも含めた多角的な視座にたって理性的な配慮・熟考をする態度を養い，その機会を増やすことが有効であろう。

（3） 消費生活の現状と課題
a． 消費生活の変化
　高度経済成長期に生産者の立場で生産性が優先されてきた消費社会において，さまざまな消費者問題が発生したことにより消費者保護という消費行政が不可欠となってきた。これを受けて，1964年に通産省に消費行政課が設置され，1968年には「消費者保護基本法」が制定され，消費者という観念が明確化された。
　高度経済成長期には，就業構造は第1次産業から第2次・3次産業へと変化し，人口の都市集中がみられるようになった。また，産業構造の高度化により都市居住者の所得の上昇につれ購買力は上昇し，やがて全国的に所得の上昇と購買力の上昇は広がりをみせた。1955年〜1970年初頭の高度経済成長期には，「作れば売れる」「誰でも同じものをほしがる」という言葉に象徴された消費社会が到来し，大量生産・大量販売により，1975年には日本における耐久消費財の普及率はほぼ100％を達成した。
　このような所得の上昇にともなう購買力の上昇は，わたしたち個々人の消費生活にも変化をもたらした。全消費支出に占める生活の基底・根幹に関わる生活必需品の基礎的消費支出割合は低下し，逆に，家具・家庭用品，交通・通信費，教育費，娯楽費，雑費など個々人のライフスタイルに依拠した選択的消費支出割合は上昇した。
　耐久消費財が全世帯にほぼ行き渡った1975年以降は，「個性化」「個別化」による需要喚起を図る生産事業者側のモデルチェンジのスピードアップ化やモデル数の増加，あるいは販売方法の多様化にも拍車がかかった。つまり，生産事業者側は，①「モノ」自体に，知識・情報などの「サービス」を付加して商品価値を高める経済のソフト化戦略，②消費者の心理に働きかける広告や，キャッシュレス・現金後払いなどの支払方法の多様化を図る販売促進戦略，③マイクロ・エレクトロニクスを用いた機械化と生産ラインへのロボット導入による「多品種少量生産」を目指す生産技術の情報革命戦略，④バーコードの読み取りによる流通の合理化，在庫管理・商品企画・販売方法などへの活用のための流通システムへのPOS（販売時点情報システム）導入戦略，などのさまざまな戦略的変化によって消費者の需要喚起を図ってきた

（竹田 2000：175-177）。

　これを受けて，消費者側も，①選択的消費支出のうち，サービスに対する選択的消費支出割合が増加し，特に交通通信費，教育費，教養娯楽費の増加は著しい。②感性に従った生活場面のコーディネートや他者との差異を演出目的にする消費の増加などの個人的な感性による消費傾向が増加し，③携帯電話・パソコンの普及により情報関連サービスの利用機会が増加し，また国境・時間の制約を越えた商品購入，カード決済による支払や，ネット・オークションなどの電子商取引などによる購入機会が増加している（竹田 同上）。

b. 高度産業社会がもたらす環境問題と情報化への対応

　大量生産・大量販売・大量消費という消費社会が出現し，その結果としての大量放棄という課題が噴出するようになった。消費者の需要喚起を促す生産事業者側の多様なモデルの発表とそれらのモデルチェンジのスピードアップ化，および過剰なまでの新製品の販売促進は製品のライフサイクルを短縮させた。その必然的な結果として作り出された「旧製品の廃棄→粗大ごみの量の増加」という構造は，大量放棄がもたらすゴミ処理の問題をいっそう深刻化させている。さらに，有害物質を含む産業廃棄物の焼却処理によるダイオキシン，フロンガス，二酸化炭素などの深刻な環境問題を呈している。

　自然環境は，ヒトと自然とのグローバルな共存関係に依拠する生命体の維持・再生産の促進にかかわる物質代謝であるという認識にたって，感性に基づく消費から，環境に対する価値観と環境倫理に基づく消費へとわたしたちの消費志向を変えていかなければ問題は解決の方向に向かわない。

　また，情報化の進展にともなって対面販売の減少や無店舗販売が増加したことにより，さまざまな問題商法（詳細は第4章2，**表4-6**を参照）が横行し，さらに増加傾向にある。モノに対する被害より，高収入をうたう各種取引，美容・教育など内容判定が困難なサービス取引などに関する被害が多くなっている。また，電子商取引が増加したことにより，インターネット上の業者の信頼性や個人情報保護にかかわる問題も生じてきている。消費者は，こうしたリスクを回避するために高度に専門化した情報について知識と理解を深め，消費行動の決定に反映させることが望まれる。

c. 生産・流通の国際化と消費の国際化

　高度経済成長期から経済成熟期へと移行するにつれ経済成長は停滞し，不況が長期化するなかで個人消費の冷え込みが続いている。個人消費の上昇を促し不況を打開するために，生産事業者側は生産コストを抑制して消費者に安価な商品を提供することは有効な1つの手段である。しかし，高度経済成長期に個人所得が上昇したという現実は，生産事業者側にとって雇用者に支払う人件費が高騰したことを意味する。生産コストを抑え，より安価な人件費で生産を企てるために海外に工場を移転させた生産事業者や，発展途上国の企業から安価な製品を輸入して提供する販売業者も増加した。

　また政府の輸入にかかわる関税や海外の販売業者に対する規制緩和も手伝って，海外の農産物や衣料品を始めとする製品の輸入が増え，あるいは，海外通販業者や量販小売り業者の日本出店に加えて，多国籍企業による保険や投資などの金融サービスも国内に入り，モノ・サービスともに消費生活の国際化が進んでいる。

　さらに，円高を契機に個人輸入がブームがとなり，内外価格差の大きい商品を個人的にインターネット通販で購入する新しい消費動向もでてきた。こうした生産・流通・消費の国際化により，消費者問題も国際的様相を示すようになった。国際的な表示・基準の設定や適切で迅速な消費者情報の開示とともに，消費者の適切な情報選択とさまざまな状況を把握・熟考した消費行動の決定が望まれる（竹田 2000：178-179）。

（1）　①～③いのち，生存，寿命，生物，④生活（状態），暮らし，⑤人生，人事，世間……などの日本語に翻訳されている（旺文社，1962，「エッセンシャル英和辞典」中型新版）。
（2）　出生，死亡，婚姻，離婚及び死産について各種届書等から人口動態調査票が市区町村で作成され，これを収集し集計したもので，人口動態事象を把握し人口及び厚生労働行政施策の基礎資料を得ることを目的ととしている。調査該当年の1月1日から同年12月31日までに発生したもので，調査該当翌年の1月14日までに市区町村長に届け出られた出生，死亡，婚姻，離婚及び死産の全数を対象とする（出典：厚生労働省大臣官房統計情報部「人口動態統計の年

間推計」)。
(3) 同一年齢の人々の集合体。
(4) 職業活動以外の「地域・社会資源形成的実践活動(地域・社会活動,NPO活動, 政治・行政への参加)」を指すが, 専業主婦の場合, 家庭外に個人的時間と空間をもつことは,「社会活動」や職業活動につながっていく潜在的な可能性をもつ準備態勢として, 講座, 趣味・娯楽・スポーツなどの家庭外の「個人的充足活動」を社会参加に含める(長津 1987:159)。
(5) 本書では, 後天的, 後験的に経験などによって獲得された要素も含めて, 獲得的, 後天的, 後験的に, その者に備わった現在における性質・性向とする(小谷 2002b:41-58)。
(6) T市人口調査票(1998年9月30日現在)に基づき, 世帯数を考慮した15地点配分を行ない, 無作為に各地点1戸を選択, 右に10戸おきに戸別訪問, 家事(準)専業・年齢・協力の有無を確認後, 計300名に依頼, 留置・訪問回収により, 1998年11月に実施した「専業主婦の実態と意識調査」。
(7) 調査対象地のT市は, 1960年代後半から大阪都心近郊のベッドタウンとして開発が進み, 旧来からの田園地帯を含む地域(旧住民地区)と造成地域(ニュータウン地区)の地理的区分が顕著である。

■引用・参考文献

Bannister, R. and Monsma, C. 1982;長島和子・中原秀樹・松岡明子翻訳監修『消費者教育における諸概念の分類』日本消費者教育学会関東支部(1996)

Bonnice, J. G. and Bannister, R., *Developing Consumer Attitudes*, South-Western Publishing. (1986)

遅塚忠躬「ライフサイクルの歴史的変化」『ライフサイクル』東京大学出版会(1996)

Covey, S. R., *The Seven Habits of Highly Effective People*, Simon & Schuster, (スキナー J.・川西茂訳『7つの習慣』キング・ベアー出版) (1996)

Deacon, R. E., and Firebaugh, F. M., 2000, *Family Resource Management: Principles & Applications*, Allyn & Bacon, Inc., Ma. U.S.A.

古沢広祐『共生社会の論理』学陽書房(1988)

Giele, J. Z., Elder, G., H.「ライフコース研究──ひとつの分野の発展」, Giele, J. Z., Elder, G. H. 編著;正岡寛司・藤見純子訳『ライフコース研究の方法』(明石ライブラリー 57)明石書店(2003)

堀田剛吉「生活経営の方法論と実践」堀田剛吉・渡辺廣二他編著『未来志向の生活経営』家政教育社(2003)

伊藤セツ「今, なぜ, 生活者の自立と共同か」『福祉環境と生活経営』朝倉書店

（2000）

岩田正美「生活の単位と生活領域の形成」『現代生活論』有斐閣，(1988)

梶田叡一『＜自己＞を育てる 真の主体性の確立』金子書房（1996）

金子勇・松本洸編『クオリティ・オブ・ライフ』福村出版（1988）

小谷良子「専業的主婦のライフスタイルと自立と共同の認識──男性・フルタイム就労主婦との比較分析」奈良女子大学人間文化研究科『奈良女子大学人間文化研究科年報』第17号，341-356（2002 a）

─── 「専業的主婦の資質・特性と家庭・地域・社会環境（第 1 報）──資質・特性とその形成環境」日本家政学会『日本家政学会誌』第53巻 2 号，129-141（2002 b）

─── 「専業的主婦の資質・特性と家庭・地域・社会環境（第 2 報）──家庭への認識とその展望」日本家政学会『日本家政学会誌』第53巻 2 号，143-155（2002 c）

─── 「専業的主婦のライフスタイルと自立と共同の認識──男性・フルタイム就労主婦との比較分析」奈良女子大学人間文化研究科『人間文化研究科年報』第17号，341-356（2002 d）

─── 『専業的主婦の自己実現志向──「自己実現志向因子」とその背景要因』『生活経営学研究』37，日本家政学会生活経営学部会，45-52（2002 e）

─── 「専業的主婦の資質・特性と家庭・地域・社会環境──生活者意識と家庭外活動の要因分析」『社会学論集』9，41-58（2002 f）

─── 「専業的主婦のネットワーク参加意識とネットワーク形成の有効性──大都市近郊のニュータウンにおける調査に基づく考察」日本家政学会『日本家政学会誌』第54巻 6 号，427-439（2003 a）

─── 「個人・地域生活者としての主婦とそのネットワークの形成」『専業的主婦の主体形成論──個人・家庭・地域生活者としての課題とその実証的研究』奈良女子大学博士論文（2003 b）

─── 「上級官僚のライフコース接近の意義と方法」中道實編著『日本官僚制の連続と変化』ナカニシヤ出版，24-39（2007）

窪田一郎「消費者苦情」日本衣料管理協会刊行委員会『新版 消費科学』㈳日本衣料管理協会（2000）

Maslow, A. H., *Motivation and Personality*, Harper & Row Publishers Inc., (小口忠彦訳『人間性の心理学』産能大学出版部)（1987）

松村祥子「福祉ミックス時代の生活課題」日本家政学会生活経営学部会編『福祉環境と生活経営』朝倉書店（2000年）

御船美智子「生活と経済」長津美代子ほか著『現代社会と生活』建帛社（1997）

宮本みち子「自立と共同がコンセプトとなる時代を考える」『福祉環境と生活経

営』朝倉書店（2000）
Morgan, Marabel, *The Total Woman*, Fleming H. Revell Company, New Jersey〔板橋芳枝訳『トータル・ウーマン』講談社，248-250（1976）〕
森岡清美ほか編『新社会学辞典』，有斐閣（1993）
森岡清美「序章　ライフコース接近の意義」森岡清美・青井和夫編『現代日本人のライフコース』日本学術振興会（1993年）
牟田和恵「ジェンダーと家族」石川實編『現代家族の社会学』有斐閣（1997）
————「家族——さまざまなかたちと文化」石川實編『現代家族の社会学』有斐閣（1997）
村尾勇之「生活経営学の系譜とその内容」村尾勇之編著『生活経営学』家政教育社（2003）
長嶋俊介「家事労働を考える4——「場の論理」と家事労働」『家庭科教育』62-8，家政教育社（1988）
————「学の総合化と実践にむけた融合化」長嶋俊介編著『生活と環境の人間学』昭和堂（2000）
長津美代子「本書の枠組みと特徴」長津美代子ほか著『現代社会と生活』建帛社（1997）
中道實「第1章　研究の目的と方法」『昭和期日本における上級官僚のライフコースと役割行動』（平成7年度科学研究費補助金（一般研究C：研究課題番号06610193）研究成果報告書，1997年）
————「主体要件の析出とその実態」神谷国弘・中道實編『都市的共同性の社会学』ナカニシヤ出版（1997）
中道實・小谷良子「パーソナル・ネットワークと生活展開志向にみる近隣自治的活動の展望——地域集団・社会活動団体の中枢活動層を対象に」奈良女子大学社会学研究会『社会学論集』第13号，93-113（2006）
似田貝香門「現代都市の地域集団」蓮見音彦・似田貝香門等編『現代都市と地域形成』東京大学出版会（1997）
野沢慎司「連帯的なネットワークと家族」森岡清志編『都市社会の人間関係』放送大学教育振興会（2000）
岡村清子「生活と社会を考える」長津美代子ほか著『現代社会と生活』建帛社（1997）
岡崎陽一『女性のライフスタイルが社会を変える』東洋経済新報社（1993）
佐古井貞行『消費生活の社会学』筑波書房（1994）
嶋田正和「ライフサイクルの進化からみたヒトの一生」『ライフサイクル』東京大学出版会（1996）
竹田美知「消費生活の現状と課題」石川實編『高校家庭科における家族・保育・

福祉・経済──「家庭総合」・「家庭基礎」指導の基礎知識』家政教育社（2002）
暉峻淑子『豊かさとは何か』岩波新書，128（1989）
上野千鶴子「主婦論争を解読する」『主婦論争を読むⅡ』勁草書房（1982）
山田昌弘「都市家族の変化と地域政策の転換──再生産とアイデンティティをめぐって」蓮見音彦・似田貝香門等編『現代都市と地域形成』東京大学出版会（1997）
山口厚子「消費行動と意思決定」石川實編『高校家庭科における家族・保育・福祉・経済──「家庭総合」・「家庭基礎」指導の基礎知識』家政教育社（2002）
矢澤澄子「転換期の都市自治体と都市政治」蓮見音彦他編『現代都市と地域形成』東京大学出版会（1997）
米山俊直「ひと──こころ体系考」日本生活学会編『生活学 第9冊』ドメス出版（1983）
（財）消費者教育支援センター編『消費者教育事典』有斐閣（1998）

■資　　料
経済企画庁国民生活局『平成8年度版　新国民生活指標』（1996）
厚生労働省大臣官房統計情報部『平成16年　人口動態統計の年間推計』厚生労働省（2005）
総務省統計研究所編『日本の統計 2006』総務省統計局（2006）
中元幸子『子育てに関する意識のアンケート調査』（2003）

第2章　家庭・家族と生活経営

1　家庭・家族の機能と家庭経営

（1）　家庭・家族
a.　家　　庭

　家庭とは，家族生活と密接にかかわっている私的性格をもつ私的生活領域として，基本的には，日常生活の生活共同体としての「家族集団」を指す概念として出てきた言葉である。近代社会，資本主義社会の歴史段階になって，家族が生産機能を失い，家族員の生命，および労働力を再生産する機能に純化する過程において，家族集団を指す概念として出てきたと考えられている（鈴木 1989：26）。家族と家庭は概念的には区別され，人によって両者の重なり方やその程度に差異がみられるが，生活の現場では，生活者の視座で両者を重ねて捉えた方がむしろ現実的で適切な面がある（飯田 2003：56）。

　家庭はその構成員個々人の必要性や価値観に大きく関与し，必ずしも全構成員が家庭に対して同様の意識をもっているとは限らない。自立した構成員個々人の私的生活の場でもあり，同時にすべての家庭構成員が生活共同体として共同の生活活動を実践する私的生活の場でもある。したがって，一人ひとりがさまざまな要素から家庭を考え，全構成員相互のコミュニケーションや合意に基づいて，私的生活領域としての好ましい家庭像を探求することが重要であり，自分にとっての好ましい家庭像を他の家庭構成員や他人に強要

することはできない。

b. 家庭の組織

一般的, 常識的な合意として, 本来の家庭の組織は「婚姻・血縁家庭」を指す。その他には,「婚姻・養子縁組を含む家庭」,「婚姻・血縁のみでない多世代家庭」が含まれるが, 現代は, 家庭構成員の多様化がみられるようになった。例えば,「性関係を伴う同性家庭」, 単身の同性同士が合意してつくる「性関係を伴わない同性家庭」, 新共同体家庭といわれる「非血縁のみの家庭」, 姉妹世帯共同体などの「血縁のみの家庭」, あるいは, 多様な人びとで構成される「複合家庭」など, 家庭の組織は多様化の傾向がみられる。

c. 家　族

家族の概念は研究者によって多様な解釈があるが, 家族の構成原理, 家族機能, 家族関係, および集団的特質は家族の定義に不可欠な要素である（飯田 2003：47）。もっとも普遍的・本質的な家族の概念は,「基本的には, 性と血縁関係からなり, 人間そのものの生産という種の繁殖形態から形成される人間的諸活動が行われる日常の生活場面において共存する集団」と定義することができる。家族は, 婚姻による社会的承認なども含めて, 次世代を担う人間の再生産という社会の必要性に結びつく社会的意義をもつ集団機能をもっている。その意味では, 家庭が私的性格をもつ私的生活領域であるのに対して, 家族は全くの私的性格をもつ私的生活領域の集団とはいえない側面がある（鈴木 1989：30）。

（2） 家族生活の存立条件とファミリーシステム

a. 家族生活の存立条件

家族が生産機能を失い, 家族生活は家族員の生命, および労働力を再生産する機能に純化され, それらの過程の総体として捉えられるようになった。さらには,「個人」が優先され家族関係が希薄になったとされる現代において, 基盤的な家族生活の存立条件とはどのようなことなのか考えてみることが必要である。

一般的，普遍的には，生活基盤・生活必需品の確保としての物質的条件が満たされること，家事・子育てなどの家族内での生活活動がなされることの2つの条件が一定量の基準に到達しなければ，家族生活の存立，あるいは存続は不安定になるといわれている。前者は，衣食住その他の生活必需品とそれらを確保するための家計管理にかかわる条件であり，わたしたちは労働の代価として獲得している。後者は，炊事・洗濯・掃除・買物・その他の必要な諸活動を含む家事と，出産・育児などの生命の再生産などの最低限の生活活動にかかわる条件である。さらに，家族員相互の種々のコミュニケーション，スキンシップ，余暇活動などによる家族員の再生産，および予測できない事態や高齢化に伴う種々のリスクや諸問題への対応は，家族生活が円滑に営まれるための，家族内での必要かつ重要な生活活動として認識されなければならない（飯田 2003：37）。

　すなわち，家族生活において，家族員の「生命」の維持・更新にかかわること，「基本的な暮らし」の成立と「安心・安全な暮らし」の維持・更新にかかわること，愛情に裏づけられたこころ豊かな「人生」の維持・更新にかかわることは，家族だからできる対応でもあり，基本的には，家族でなされる対応でもある。しかし，家族だけで対応できない事態や予測できない事態もさまざまにあるが，そういった事態や高齢化へのリスク対応などを家族で備えておくことも家族生活存続の条件である。

b. ファミリーシステム

　わたしたちは，家庭組織のなかで，家族生活の存立条件としての物質的条件と家族内での生活活動をどのように関連させて家族生活を成立させているのか，図2-1に示すディーコン（2000：21-24）のファミリーシステムから確認しておきたい。

　一般的に，生活管理行動の方向づけをするファミリーシステム内の「需要」は，個人や家族員の価値観・目標・要求，あるいは日常生活で遭遇する家庭内外のさまざまな出来事によりかたちづくられる。食物や水などの「生命」の維持・更新を目的とする生物的需要は，家庭組織に投入（input）される基底的な需要である。また，義務教育・法の順守・政治的拘束・制限の

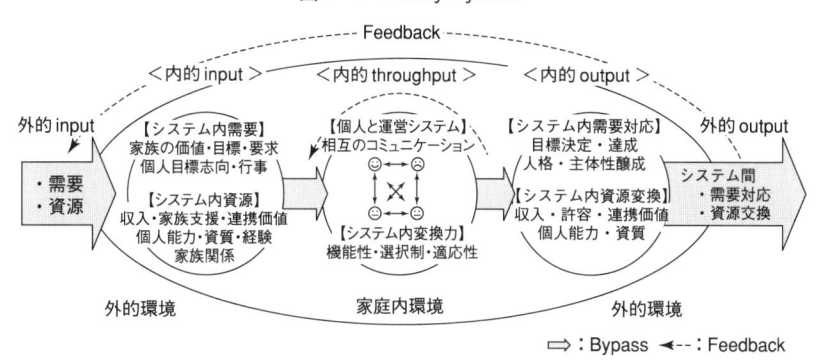

図 2-1 Family System

```
                    -------- Feedback --------
           ＜内的 input＞   ＜内的 throughput＞   ＜内的 output＞
外的 input                                                              外的 output
          【システム内需要】  【個人と運営システム】 【システム内需要対応】
・需要    家族の価値・目標・要求  相互のコミュニケーション  目標決定・達成     システム間
・資源    個人目標志向・行事                    人格・主体性醸成   ・需要対応
          【システム内資源】                   【システム内資源変換】 ・資源交換
          収入・家族支援・連携価値             収入・許容・連携価値
          個人能力・資質・経験                 個人能力・資質
          家族関係             【システム内変換力】
                              機能性・選択制・適応性

           外的環境            家庭内環境            外的環境

                                   ⇒：Bypass  ←--：Feedback
```

（出所） Deacon, R. E. and Firebaugh, F. M., (2000) *Family Resource Management: Principles & Applications*, Allyn & Bacon, Inc., Ma. U.S.A., p. 24, Figure 2-3 に依拠して翻訳，一部修正・加筆により作成した。

範疇などの「暮らし」の維持・更新を目的とする政治的体系による需要や性別役割などの社会的需要は，家庭外環境から家庭組織に必然的に外的投入（外的 input）される需要である。

　家庭組織の内部では，家族が遭遇するさまざまな需要に対応するために，ファミリーシステム内の「資源」を動員しなければならない。このような家庭の資源は，物質的資源（material resource）と人的資源（human resource）に大別される。家庭の物質的資源は，貯蓄・投資などに代表され，その他の有形の物質的資産は消費活動によって得られる。家庭の人的資源は，家庭を組織する個人や家族の能力・資質，技術・経験などの知識，あるいは家族支援，連携価値，家族関係といった無形の資源である。これらの無形資源を他組織から求める場合には，お金，贈答品，贈答品を媒介した支援と引き換えに得られる。

　次に，家庭組織に投入された需要に対して，よりよい成果（output）を得るために，家族員である個々人の間で相互のコミュニケーションによって対応を諮ることが必要になる。このような「個人と運営システム」内部において，需要にうまく適用できるように情報を変換していかなければならない。この過程（throughput）のあり方によって目的がどのようなかたちで，どの程度に達成されるかが変わってくる。つまり，対応できる管理特性が認識

できなければ，目的が達成されず，誤った成果がもたらされる。

このような事態を避けるために，さまざまな基準や選択肢，および手段・対応法について考慮して，現行の計画を行動に移したり，あるいは制御するなどの決定を下さなければならない。機能性・選択性・適応性といったシステム内の「変換力」が求められる。

最初に家庭組織に投入（input）された需要や資源は，家族員のコミュニケーションによる機能・選択・適応能力などの変換過程（throughput）を経て，あるいはフィードバックすることにより変換過程を繰り返しながら，最終的に，ファミリーシステム内における「需要対応」，「資源変換」という一定の成果（output）がもたらされる。「需要対応」には，目標の決定・達成や，個々の家族員の人格形成・主体性の醸成などが含まれ，「資源変換」には，収入・貯蓄・投資・その他の有形物質的資産の変化や，許容の量と質，連携価値，個人的能力・資質の増強などがあげられる。[1] これらのファミリーシステム内での成果は，他のシステムとの間で相互に需要対応や資源交換というかたちで，家庭組織を取り巻く外的環境のニーズに貢献することになる。

このように，家族存立のための物質的条件と生活活動は，家庭組織内に投入されるさまざまな需要に対して，物質的資源と人的資源を動員した家族共同体としての家族員の生活活動によって，ファミリーシステムとしての成果を出す方向に向かっている。言い換えれば，家庭組織内の物質的条件や家族員による生活活動は，家族存立のための条件でもあり，これらがファミリーシステムとして機能することによって家族生活は存続するといえる。

（3） 家庭像と家庭経営の基本的視点

a. 物質的条件

上述したように，家庭の物質的資源は貯蓄・投資などに代表され，その他の有形の物質的資産が，家庭の収入・貯蓄・投資などの経済的資源を媒介する消費活動によって得られる。最近は女性の就労希望や就労機会も増え，家庭の就労形態は多様化しているが，図2-2に示すように，主として収入を得るための労働は，15歳以上人口に占める労働力人口（就業者および完全失業者をあわせる）の割合をみる限り，現在も「男は仕事，女は家庭」という画

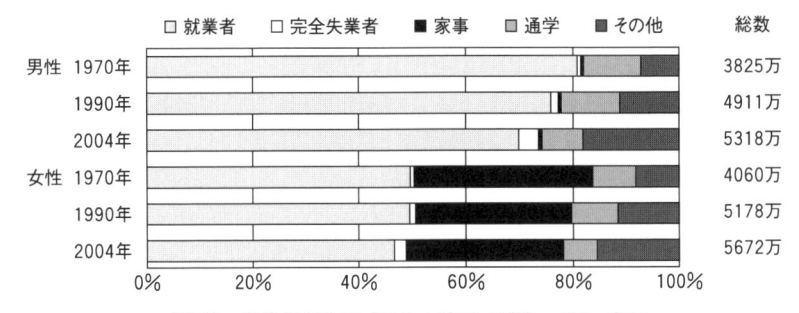

図2-2　就業状態別15歳以上人口

	□ 就業者　□ 完全失業者　■ 家事　■ 通学　■ その他	総数
男性 1970年		3825万
1990年		4911万
2004年		5318万
女性 1970年		4060万
1990年		5178万
2004年		5672万

（出所）　総務省統計局『日本の統計 2006』p.209，表16-1（「労働力調査年報」）より作成。

（注）（1）　15歳以上人口のうち，就業者と完全失業者を合わせて「労働力人口」，家事・通学・その他を合わせて「非労働力人口」とみなす。
（2）　就業者は，調査期間中に，実際に収入に伴う仕事を1週間に1時間以上した従業者と，仕事をもちながら休業した者のうち，給料・賃金の支払いを受けている者又は受けることになっている者，および仕事を休み始めて30日にならない自営業主の休業者が含まれている。

一的な就労形態が維持されている。家庭の生活構造は，衣食住その他の生活必需品を確保するための経済的条件に大きく制約されるため，家計の足しにする，自分や家族の小遣いにする，といった経済的理由でパートタイムやアルバイトなどを希望する主婦も多い（小谷 2002：45）。

　また，生活必需品を確保するための消費行動においても，その消費選好は，生産世界主導の商業ペースによる商品化の枠内での多様な選択肢に制約されている。また，生産事業者側の論理にもとづいたさまざまな戦略に引きずられる現実もあり，消費行動は，基準や選択肢，および手段・対応法などについて考慮して，家族による主体的な決定をしなければならない（詳細は5（3）を参照）。

b.　人間的諸活動

　家庭組織の基盤的な暮らし向きや安心・安全な暮らし向きの維持・更新にかかわる条件が一定の水準に達すると，充足した関係，セルフエスティーム

の形成，自己実現欲求などに裏付けられた自己成長努力などの人間的諸活動へ関心が向いてくる（詳細は5（3）を参照）。わたしたちの生活は家族のもつさまざまな要素や社会との関係性によって成り立っている。視点を変えると，自分も，他者も，それぞれが自ら関係性を創り出して構築している。家族員全てにとって家庭であるためには，各自がお互いにどのような関係を創っていくのか合意や一致が必要である。

とりわけ，夫婦関係や親子関係などは，各自が個人を優先させて，まったく自由気ままな振る舞いや生活活動をするわけにはいかない。家庭組織内での個々の家族員間の相互のコミュニケーションなどの相互行動が重要であり，ファミリーシステムにおける個人的価値は，家族共同体としての価値の下部に位置づけられる（Deacon 2000：21-24）。

一方，生活の個人化やライフスタイルの多様化も進み，それぞれの家族員が自立した個人として主体的に自らの価値観によってライフスタイルを選択して，セルフエスティームの形成や自己実現に向けて自己成長努力をすることは時代の要請でもある。しかし，同時に個人のライフスタイルは家族関係と家族生活にも関連しており，家族共同体を構成する家族員間の意思の疎通と家族生活を維持・更新するための多様な工夫が必要である。

c. 家族生活

客観的には，家族生活は個々人の生活に占める比重が高く，生活活動の基盤的で重要な構成部分である。家族員全員に共通する生活活動を分担・享受することは，家族の存続の要件である。また，家族生活の機能を維持・更新するために必要な家庭組織の生活力の基盤には，家族員の家計の維持・更新，あるいは家族員の稼ぐ能力などの経済力や，家事・子育てを通して人間をつくる能力，人間関係をつくる能力などの「人間の未来を切り開く力」[2]があげられる（飯田 2003：90-91）。このような生活力のうち，とりわけ家計を維持するための稼ぐ能力と家事・子育てを通して人間をつくる能力にかかわる家族生活の機能は，一般的に，固定的な役割分担によって維持されているのが現状である。固定的な役割分担は，各家庭における家族員のライフスタイルの選択の制約にもなっている側面がある。

家族の本質を基盤において，家族生活に何が優先されるべきであり，何が副次的であるのかを家族員の価値観にもとづいて相互に主体的に話しあい，家族全員にとって幸せな家庭生活のイメージを自由に描いてみることは大切である。また，男女共同参画社会が推進されるなか，固定化された性別役割分業の解消が一般的認識になって久しいが，現実には，依然として夫婦の役割分担は存続している。男女平等という社会の理念と生活場面における生活者の実状には矛盾もみられる。私的生活領域である家庭においては，家族生活にかかわる夫婦の役割分担は社会から強要されることなく，生活当事者の視座から，ライフスタイルの選択肢として夫婦の合意で決めればよいことである。

d. 家庭経営の基本的視点

家族員の生命，および労働力を再生産するという家庭の機能を十分に発揮させるために，家族員は自らの家庭組織内で生活管理活動を展開している。家族員の必要性を満たす，社会の必要性を満たすことは，家庭経営の大前提となる目標である。そして，家庭組織内の家族員の生活活動および生活管理活動の展開過程において，家庭を構成する個人と家族，あるいは家族と社会のそれぞれの必要性の間にみられる矛盾点を克服し，相対する調整を可能にする家族員の生活力を醸成することは，ファミリーシステムにおける家庭経営の成果として評価される。

家族員の必要を満たすためには，家庭構成，および家族員の価値観や目標とするライフスタイルへの配慮をする，相互のコミュニケーションに裏付けられた家族関係や家庭目標を構築する，などの家族員の生活活動の過程における相互の学習と理解が欠かせない。それらが統合された結果として，日常生活で直面するさまざまな決定場面に有効な見識として生かされる（Deacon 2000：14）。家庭目標は，それぞれの家庭組織の独自性によって家族員でつくるものであり，状況の変化により修正されるべきものであり，さらに未来につながるものでなければならない。

また，現代は，個人の価値観の多様化に応じた家族観の多様化がみられるが，人間をつくるということの結果には社会的責任があり，社会の必要性を

満たすという意味においても，まったくの個人の自由というわけではない。同時に，独自の家庭組織の経営によってのみ，さまざまな課題やその解決がなされるわけではなく，家庭経営は，市場や社会の他のセクターの相互作用に依存している。家庭経営は，公式・非公式，市場・非市場，有償・無償，あるいは外的環境や個人的影響など相対する調整を含み，対称的なアスペクトをもった状況にその特徴がある（Deacon 2000：14-15）。

例えば，労働問題，貧困問題などの家庭組織の物質的条件の確保に関する問題は，社会的規定性が強く家族の受動性を余儀なくされる側面が大きい。また，人間諸活動に関する問題についても，家族が能動的に転化する可能性を含んだ相対的独自性はあるが，社会的規定性に制約される側面が大きい。したがって，どのような人間や人間関係が生産されるのかという家族問題は，家庭の機能の問題としてではなく，社会問題として社会との関係性において捉えていかなければ解決の糸口はみつからない。

（4） 家族をめぐる諸問題
a. 家族をめぐる諸問題

家族をめぐる問題にはさまざまな見解がみられ，広くは，家族をめぐる諸現象を家族問題として表現される場合もある。結婚・夫婦関係・親子関係・子育て・都市と農村の家族，あるいは時事的話題など家族生活について課題として論じられるテーマとは別に，一般的には，**表 2-1** に示すように，問題の視点や解釈のしかたによって，家族解体，家族崩壊，家族病理，家族問題という一定の区分をして，誰の目にも問題現象であると映り，危機的状況にある家族の問題が論じられている（飯田 前掲書：62-71）。

家族形態は，かつての伝統的な非血縁者を含む大家族から，非血縁者を含まない複合家族，直系的多世代家族，核家族へとが変化してきた。さらに，小家族・核家族化，単独家族の激増，少産化傾向，家事分担の一定の変化，家族機能の外部化（生活の社会化）などが進み，家族の個人化・多様化，ライフサイクルの変化，男女平等の一定の前進など，家族の変容がみられるようになっている。また，高度経済成長期のわが国の消費水準の向上は，わたしたちの生活に利便さをもたらせたが，その一方で，経済的格差の拡大，公

表2-1 家族をめぐる諸問題

分類	視点	概容と事例
家族解体	家族規模の縮小による核家族化	核家族化・小家族化→家族の個人化→家族崩壊に近い性格をもつ。 個人の解放,とりわけ女性の解放という観点では肯定的傾向。 事例:育児ノイローゼなど
家族崩壊	家族生活の営みが継続不能な状況	事実経過や,その過程での当事者の気持ちに意味がある。 事例:子どもの非行,親の役割放棄(大抵は暴力が伴う),家族分解(種々のケース)
家族病理	社会的基準からの家族の逸脱や障害	家族と社会システムとの関係性で捉えられるが,家族観,家族意識が多様化した現在では,「正常」という基準設定が困難な状況にある。 事例:アルコール・薬物・食物など物質嗜癖,行為・関係性へのプロセス嗜癖
家族問題	家族病理と同様に多様性。設定困難	病理に比べ,個人と家庭という相対的に狭い範囲に留まる家族の逸脱。 事例:台所症候群,主婦症候群,登校拒否,出社拒否,新聞の身の上相談などにみられる具体例

(出所) 飯田哲也『家族と家庭 第三版』学文社,pp.63-66(2003),清水新二編『共依存とアディクション 心理・家族・社会』培風館,pp.1-5(2001)を参照して,整理した。

害・都市・過疎問題,青少年・婦人問題,あるいは生活文化の問題などさまざまな社会問題を引き起こした。とりわけ,親子の断絶的様相と過度の密接,夫婦間のコミュニケーション不足,役割分担の不均衡,生活時間配分の不均衡,余暇活動問題などによって引き起こされるさまざまな家族をめぐる問題は,経済低成長期以降,さらに,深刻化,潜在化していると考えられている。

こうした社会現象の特徴として,自立した個人と個人の真の親密な関係性を結ぶことを可能にする十分な個人の確立ができていないことが指摘されている。自己の確立や自立が強調される近代社会では,自己の確立と自立の達成度,あるいは自己の存在証明をめぐって終わりのない自己査定が繰り返されたり,自分探しに疲れ果てる結果,その重荷に耐えきれなくなると,人は心のバランスを失い,なおも自分にこだわるか,あるいはその重荷を他者に肩代わりしてもらいたいという欲求にかられる(清水 2001:3-5)といわれている。

このような人間の関係性をめぐる深刻な問題は,個人や家族のみならず,

表 2-2 家族をめぐる問題点と生活課題への対応

現象	概容	問題点と傾向	生活課題
家族の変容	※家族の個人化・多様化 ライフサイクルの変化 男女平等の一定の前進 家事分担の一定の変化 ※小家族・核家族化 単独家族の激増 少産化傾向	※物質的条件の確保（稼ぐ） ※人間諸活動（家事・子育て・コミュニケーション）のバランス 【傾向】 ※大人は稼ぐことに多くの時間を使う ※子どもは将来多く稼げるように受験勉強に多くの時間を使う	生活全体の問直しが必要である
生活の社会化（家族機能の外部化）	※活動と費用負担の社会化の2面性 ※一定量の費用負担の社会化 　各種教育機関（保育所〜大学） 　医療機関 　社会福祉関連の施設・サービス ※費用負担の社会化の混在 　各種公共施設・設備，交通・情報伝達手段，その他 ※費用負担の社会化はない 　水・エネルギーの利用手段 　商業化産業	※生活の社会化が進むほど，費用負担が増加する 【傾向】 ※生活は，経済活動，即ち相対的高所得の追及に傾斜する →人間の再生産，人間関係の生産は疎かになる	人間諸活動などの生活を豊かにする手段としての物質的条件の確保が目的になってしまう
人間の絆の希薄化	※関係そのものに意味がある関係 　家庭関係（≠家族関係） 　友人関係 　種々の共同関係 　損得意識のない関係 ※何らかの目的のための関係 　売り手・買い手（商品交換関係） 　損得勘定に従う関係	※高度経済成長期を通して人間の絆の希薄化 →地域解体，師弟関係の衰退，クールな両性関係，自分主義 【傾向】 ※1980年代以降，人間の絆の最後の砦である家族生活にも絆の希薄化が意識されることなく浸潤 →「家庭のない家族の時代」の進行。「貧しいながらも楽しい我が家」は昔語り ※モノを中心とした損得勘定が支配的になると，人間関係もモノを媒介とした損得に関係に傾斜する	現金勘定が家族生活に浸潤してくることが，あらゆる考え方や活動の尺度になる 極端な場合，人間関係を放棄して，モノとしか意をもたない変質した人間が生産されるリスク
人間のあり方	※多様化 　価値観やライフスタイル（新しい欲求が生産され続ける社会構造） ※画一化（規格化） 　商品の画一化 　「人間の生産の社会化」も生産される人間を画一化する側面	※お金さえ出せば，サービスのパック化や既成食品の購入可能 →主体的活動の減退 【傾向】 ※他者との関係を継続した関係として考える必要がない。未来を考える必要がない，または考えられない	単純に今を生きるしかなくなるような現在のあり方は，意識的な未来志向を著しく乏しくする

（出所）　飯田哲也『家族と家庭　第三版』学文社，pp. 74-83（2003）などを参照して整理した。

地域社会，生産世界（労働社会）などを含めて社会全体で社会システムの変革を視野に入れて考えなければ解決に向かわない（清水 前掲書：5）。

b. 問題点と生活課題への対応

家族をめぐる多様な問題のうち，ここでは，家族の変容，生活の社会化（家族機能の外部化），人間の絆の希薄化，および人間のあり方の4つの視点に絞って，問題点や生活課題について整理して，**表2-2**に提示しておく。これらの課題について，自分自身の生活視座や家族関係から捉え直してみることが重要である。

家族の人間諸活動において，生活主体としての子どもの生活時間のアンバランス，既製食品の偏重，勉強の偏重などや，家族共同体における親子の断絶・過度の密着関係や差別的態度などによる子どもの成育問題も取り上げられる。また，成人の家族員には，過重労働や成人愛の不充足，役割分担のアンバランスなどの問題や，過度のマイホーム主義や余暇活動の問題など家族員個人としても家族共同体としてもさまざまな家族生活上の課題があげられる。また，経済的貧困による生活資料の不足，住宅の不充足，教養・娯楽費の不充当など，家族生活を支える基盤となる物質的諸条件の充足などの課題もあげられる。

このような家族や家庭組織内の問題状況を個々人がどう捉えるかが大切なことであり，問題の解決には，その主体的条件が必要である。現実からの逃避や無気力に陥ることなく，主体的な成長動機や自己エンパワーメントが要請される。

2 家庭経済と家計管理

（1） 家計・家庭経済と国民経済

経済活動を行なっている単位として，公的セクターとして経済活動にかかわる政府と，私的セクターとして経済活動にかかわる企業と家庭の3つの組織にわけることができる（中道・小谷 2005：57-98）。私的セクターは，生産世界に属する企業と，消費世界に属する家庭は，市場を媒介して取引を行な

図2-3 3つの経済主体と国民経済のしくみ

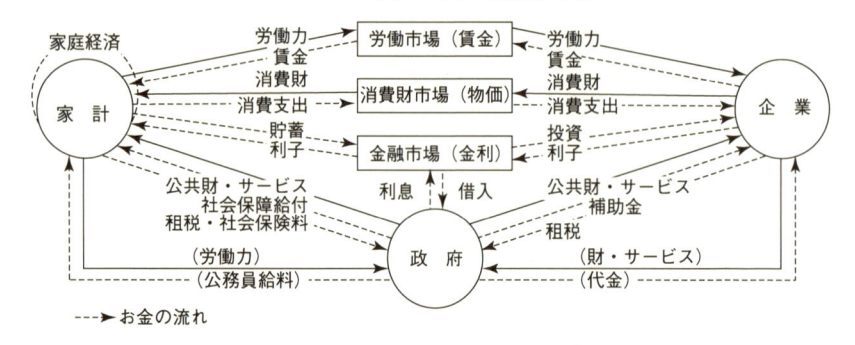

```
家庭経済      労働力     ┌──────────┐   労働力
              賃金   ───│労働市場（賃金）│───  賃金
 ┌───┐     消費財       └──────────┘   消費財          ┌───┐
 │   │  ─── 消費支出  ──│消費財市場（物価）│── 消費支出 ──  │   │
 │家 計│                 └──────────┘                │企 業│
 │   │      貯蓄                                   投資    │   │
 └───┘      利子    ───│金融市場（金利）│───      利子    └───┘
            公共財・サービス  利息   借入   公共財・サービス
            社会保障給付                    補助金
            租税・社会保険料       │        租税
            （労働力）          ┌───┐   （財・サービス）
                              │政 府│
            （公務員給料）      └───┘   （代金）
```

- - -▶ お金の流れ

（出所） 藤田由紀子・濱本知寿香「家庭の経済生活」石川実編『家族・保育・福祉・経済』家政教育社（2002）p.164, 図4-イ-1, 御船美智子「国民経済と生活経済」『現代社会と生活』建帛社（1998）p.135, 図表6-2を参照して作成。

っている。なお，家庭の経済活動は，「家庭経済」と呼ばれ，家族の物質的条件にかかわる「家計」と，家事労働や家族員の労働力の再生産にかかわる「経済的価値活動」が含まれる。しかし，国民経済を構成する経済主体として捉えるときは，1世帯の収入と支出の総体である「家計」を対象とする。

したがって，国全体としての国民経済を構成する経済主体は，政府・企業・家計の3つである。各経済主体が目的とする経済活動は異なっており，政府は資源配分の適正化・所得分配の公正化・経済の安定化などを図り，企業は利潤の最大化を図り，家庭は家計管理の成果としての家族の充足感の最大化を図ることにある。これらの経済主体は独自の目的を果たすとともに，同時に，**図2-3**に示すように，それぞれ相互依存，相互作用の関係をもちながら，国民経済の向上をもたらすと考えられている（藤田・濱本 2002：163-164）。国民経済とは，貨幣を媒介して，それぞれ他の経済主体との間で取引きした結果を把握する指標である。現代社会では，産業化の進展により消費社会は拡大し，国民経済は企業・政府と家計との間の取引きが増加しており，家計の家庭経済に占める割合は大きくなっている。

家計に視点をおいて，企業との相互関係を概観してみると，家計は，労働市場に家族員の労働力を提供し，その対価に賃金を受け取り，消費財市場で家族員の生活活動の需要に依拠するモノ・サービスを購入し，その代価を家

計から支払い，そして，金融市場に預貯金をし，それに応じた利子を受け取っている。また，政府との相互関係では，所得に応じた税金や社会保険料を家計から支払い，政府から公共財・サービスの提供や社会保障給付などの再分配を受け取る。あるいは，家庭によっては，公務員として家族員の労働力を政府に提供し，その対価に公務員給料を受け取る場合もある。

(2) 家計の構造

総務庁（総務省の前身）は，単身世帯を除外した全国の全世帯を調査対象として，1946年から，『消費者価格調査』を始め，1950年9月以降，家計実態を統計的に観察するための家計の収支両面にわたる調査を定期的に実施している。1953年に『家計調査』と改め，1981年1月には，収支項目の分類を大幅に改正して，消費支出を10大費目に分類するなどしている。以下では，『家計調査』（総務省）での定義や概念に依拠して整理しておく。

a. 収 入

世帯の収入の内訳は，①「実収入」，②「実収入以外の収入」，③「繰入金」に大きく3分類される。①「実収入」は，世帯全員の税込み現金収入を合計したものであり，定期性・継続性がある労働の対価として獲得する給料や賞与，事業・内職収入，農林漁業収入，あるいは財産収入，社会保障収入，仕送り金，などの「経常収入」と，不定期的・非継続性の見舞い金，祝い金，退職金などの受贈金の「特別収入」に分かれる。

②「実収入以外の収入」は，預貯金引出し，保険取金、有価証券売却、土地家屋借入金、他の借入金、分割払購入借入金、一括払購入借入金、財産売却、その他で構成される。「実収入以外の収入」とは，例えば，預貯金の引出し，あるいは借金などにより現金が手許に入るが，一方で資産の減少，あるいは負債の増加を伴う，いわゆる見せかけ収入である。つまり，実収入以外の預貯金の引出しや借金によって手許にある現金は増加するが，一方で，前者は預貯金という資産の減少になり，後者は返済すべき負債の増加を意味するものであり，家計の純財産高は変化しない。③「繰入金」は，前月の残高を翌月に繰越したことによる収入に過ぎない。

b. 支 出

　世帯の支出も，収入と同様に，①「実支出」，②「実支出以外の支出」，③「繰越金」に大きく3分類される。①「実支出」は，消費支出と非消費支出を合計した支出額である。「消費支出」は，世帯構成員，ないしは家族員の，「いわゆる生活費のことであり，日常の生活を営むに当たり必要なモノやサービスを購入して，実際に支払った金額」と定義されている。①「実支出」のうち，「消費支出」は，(1)食料，(2)住居，(3)光熱・水道，(4)家具・家事用品，(5)被服・履物，(6)保健医療，(7)交通・通信，(8)教育，(9)教養・娯楽，(10)その他（雑誌，小遣い，使途不明金，交際費，仕送り金など）の消費支出，の10大費目に分けられている。(1)から(5)の衣・食に関する出費が占める割合は，この24年間に徐々に減少しており，総合して，1980年の51.6％から，2004年には44.0％に減少している。その一方で，(6)保険医療費，(7)交通・通信費などサービスを購入する出費は顕著に増加している（詳細は，図1-8を参照）。また，「非消費支出」は，「原則として社会保険料や税金など世帯の自由にならない支出」と定義されている。なお，社会保険料には公的年金保険料，健康保険料があり，税金には，勤労所得税，個人住民税，その他の直接税のみが含まれ，消費税（消費一般に課される間接税）は消費支出に含まれる。

　②「実支出以外の支出」は，預貯金、保険掛金、有価証券購入、土地家屋借入金返済、他の借入金返済、分割払購入借入金返済、一括払購入借入金返済、財産購入、その他で構成される。例えば，預貯金や投資をしたり，財産購入，あるいは借金返済などのため，手許から現金が支出されるが，一方で資産の増加，あるいは負債の減少を伴う，いわゆる見せかけの支出である。つまり，預貯金や借金返済をすることによって手許の現金は減るが，一方で，前者は預貯金という資産の増加になり，後者は返済すべき負債の減少を意味するものであり，家計の純財産高は変化しない。③「繰越金」は，その月の残高を翌月の家計費に繰り入れることによる支出に過ぎない。

図2-4　勤労者世帯の1世帯当たり年平均1か月間の
　　　　家計の収支バランス

収入金額（¥1,007,724）		支出金額（¥1,007,724）	
①【実収入】 ¥531,690	非消費支出対応 可処分所得 ¥446,288	非消費支出（¥85,402） 消費支出（＝生活費） ¥331,636	①【実支出】 ¥417,038
	(黒字 ¥114,652)		
②【実収入以外の収入】 預貯金引出し・借金 ¥403,566		②【実支出以外の支出】 預貯金預入れ・投資・ 財産購入・借金返済 ¥521,789	
③【繰入金】¥72,468		③【繰越金】¥68,897	

（出所）　総務省統計研修所『日本の統計 2006』（「家計調査」）表19-4より作成。
（注）　例示した全国・勤労者世帯の調査対象世帯数は5591世帯，平均世帯人員は3.48人，世帯の平均有業人員は1.64人である。なお，繰入金については，任意の金額を提示している。

c.　収支のバランス

　収支のバランスを測る指標として，平均黒字率（可処分所得に対する黒字の割合，「黒字率＝黒字÷可処分所得×100（％）」）が用いられる。2004年の『家計調査』から，1世帯当たり年平均1か月間の勤労者世帯の収入と支出について例をあげて，収支のバランスについて整理しておく。図2-4に示すように，可処分所得は，実収入と非消費支出の差（「可処分所得＝実収入－非消費支出」）で表わされる。また，黒字は，実収入と実支出の差，あるいは可処分所得と消費支出の差（黒字＝実収入－実支出＝可処分所得－消費支出）で表わされる。

　したがって，表に取り上げた2004年の勤労者世帯では，平均黒字率は，25.7％である。このように収支バランスが黒字になった場合，表の右列の「②実支出以外の支出」にみられるように，預貯金や投資，あるいは借金の返済に回すこともできる。そのため，この「②実支出以外の支出」が表の左列の「②実収入以外の収入」を上回ることもある。

　なお，可処分所得に対する消費支出の割合を平均消費性向（「消費性向＝消費支出÷可処分所得×100（％）」）と呼び，平均消費性向は，その時代の社会の経済状況と相互関連がある。高度経済成長期が終わり，すでに低成長

期へと移行していた1980年には，勤労者世帯の平均消費性向は77.9％あった。その後，不況が長引くなか，1995年には72.1％へと落ち込み，家庭の可処分所得に対する消費支出の割合は著しく減少した。現在は，1995年を境に，徐々に消費性向は上向きになり，2000年には74.1％，2004年には74.3％まで戻っている。買い控えなどの消費行動の抑制が徐々に減少するにつれ，不況を抜け出しつつある。

（3） 経済社会の変化と家計の変化

小家族・核家族化，家族の個人化の進展，あるいは働く女性の増加など，さまざまな家族の変容により，家事労働の外部化が進み，特に消費支出に占めるサービスに関連する支出の増加している。とりわけ，サービスに関する支出では，①食料では外食，②住居では，家賃・地代，工事，その他のサービス，③家具・家事用品では家事サービス，④被服・履物では被服関連サービス，⑤保健医療：保健医療サービス，⑥交通・通信（通信機器は除く），⑦教育では，授業料，補習教育，⑧教養・娯楽では教養娯楽サービス，などの増加が顕著である。外部サービスへの依存が増加するにつれ，消費支出は増大している。こうした背景には，サービス経済化の進展やサービス価格の上昇などの社会的要因とともに，高度経済成長時代を通して人びとがある一定の物質的充足を果たしたことや，家族の変容やライフスタイルの変化により，これまで家庭内で行なわれていたサービスを外部サービスに依存するようになったことなどもあげられる。

また，高度産業技術の進歩や情報化のめざましい進展により，1980年代始めには金融機関のオンライン化も始まった。これにより，家計のキャッシュレス化が進み，給料・年金の自動振込や公共料金・ローン返済の現金決済も自動振替による決済が増加した。さらに，プリペイドカード，クレジットカード，デビットカードなど各種カードの使用頻度も増加してきた。このような家計のキャッシュレス化には，現金所持による危険回避，あるいは支払の手間が省けるといった利便性がある。しかし，その一方で，信用販売による分割払い手数料，融資手数料，利息などの新たな支払も増加しており，金銭の流れの全体像が見えにくくなるなどのリスクもある。「福祉の後退と高

齢社会の到来に直面して，人生 80 年時代に対応する自助的生涯生活設定を考慮した家計管理と，キャッシュレス，カード化時代に対応する家計管理の必要性が解かれる」ようになってきた（伊藤・内藤 1996：132）。

（4） 家計管理
a. 家計管理と生活設計の概容

　家計管理とは，収入・支出・貯蓄・負債の管理を行なうことであり（藤田・濱本 前掲書：171），所与の収入を前提として，家庭，および家族員の生活目標に合わせて，収支の調整や適合的な計画が必要となる。したがって，国民経済と家庭の経済の関係を理解し，収入の安定と支出の合理化のための方策を考慮した家計管理が実践されなければならない（伊藤・内藤 前掲書：130-131）。

　そのために，短期（1日，1週間，および1か月〜5年程度），中期（5年〜10年程度），長期（10年から生涯にわたる）の単位で，例えば，出産・育児・子どもの教育，住宅購入，ライフコース上の家庭のイベントや，あるいは病気・事故・災害・失業といった不慮の出来事や看護・介護などのリスクに備えて，生活設計をたてておくことが重要である。生活設計とは，自分や家族の年齢を軸としたライフサイクルに応じて，どのような生活を送りたいのかという視点から将来のライフイベントを想定し，その実現に必要な経済的資源，健康，家族，友人，生き甲斐などの生活資源と，不安・危険・困難な事態などのリスクへの注意・態度を醸成し，貯蓄や損害保険，生命保険などによる生活保障への準備とその実践を指す（藤田・濱本 前掲書：171, 詳細は，第2章2（3）を参照）。

b. 家計管理の視点と手順

　家計管理の視点は，収支のバランスという客観的な家計管理の法則を踏まえたうえで，「健康で文化的な最低限度の生活が，現実の家庭生活の中で，どういう条件と方法において可能であるか，または不可能であるかということを具体的に明確に」（一番ヶ瀬 1969）することを重視する。こうした視点から，家計収入や生活費を診断する家計診断の方法やさまざまな家計簿も考

案されている (今井・堀田 1965)。

　家計管理の手順 (伊藤・内藤 前掲書：132) は，第1に，収支のアンバランスの実態をチェックし，賃金明細表，家計簿，領収書などの客観的な家計資料をもとに，収支のバランスに不適合をもたらす要因のリストアップとその分析をする。第2に，失業，絶対的低賃金，または社会的・平均的低賃金などの収入における不適合がある場合，世帯員すべての人的資源と当面の収入の構成要素を検討し，家庭内における可能な方策と，社会的に可能な施策の両面を，家庭経済と社会システムの関連から検討する。第3番目に，例えば，高額医療費負担，家賃，教育費，ローンの負担など，支出における不適合がある場合，世帯のライフステージと世帯構成員の特徴を構成して，その支出の性格ごとに家庭内での対応の可能性と限界を明らかにし，さらに社会的解決の可能性を探ること，が基本原則である。

c. **家計の予算**

　家計の予算は，一般的に，毎年の暦歴の始めに，前年度の家計収支の実績と新年度に予測される収入，および家族構成とそのライフステージの特徴を考慮して，1か月単位で立てる。定期的に支払われる経常収入と臨時に支払われる収入の内訳を把握しておく必要がある。さらに，所得税・地方税の源泉徴収額，社会保障費，あるいは労働組合費や互助会会費 (本来は消費支出に含まれる) に関する天引き額を収入金額から差し引いて，収入予算額として明確にしておかなければならない。

　次に，家計費目ごとに支出予算を配分していくことになる。家賃，光熱・水道費，新聞代・放送受信料，電話料金，保育料・授業料などの学校教育関連費などの家計の中の社会的固定費を形成している一定の支出群は，予算に強制的に計上される。これらを差し引いた選択余地のある費目は，副食費，被服費，教養娯楽費の一部に限定されてくる。予算編成の段階において，社会的固定費と選択的費目の価格動向や消費量の特徴を把握して，家庭生活上の問題を生じない範囲で収支のバランスを保たなければならない (伊藤・内藤 前掲書：132-134)。

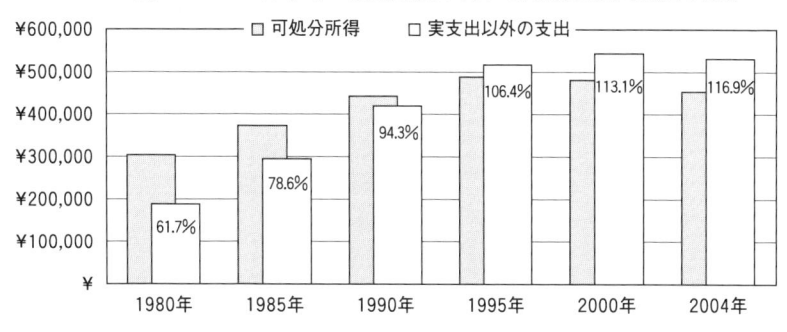

図2-5　1か月平均の可処分所得に対する実支出以外の支出の割合

（出所）　総務省統計局『日本の統計 2006』表19-4（「家計調査」：全国勤労者世帯）より作成。

d.　貯蓄・負債と家計

　預貯金預入れ・保険・投資・財産購入・借金返済などの「実支出以外の支出」が毎月の家計に占める割合はきわめて大きく，また増加し続けている。勤労者世帯の年1か月平均の「可処分所得」に対する「実支出以外の支出」の割合は，図2-5に示すように，1980年に61.7％であったが，1995年には，106.4％と「可処分所得」より「実支出以外の支出」の方が大きくなり，2004年には116.9％になっている。

　従来から，貯蓄・保険・負債などの「実支出以外の支出」は，「家庭経済準備」（松平 1969），または「家庭経済の安定計画」（今井・堀田 1973）として位置づけられており，これらをいかに有効利用するかということに関心が払われてきた（松平 前掲書，青木 1965）。図2-6に示すように，全国勤労者1世帯当たりの平均貯蓄総額は，1980年の473万円から増え続け，1990年には1051万円と2倍以上に達した。しかし，2000年の1356万円をピークに減少に転じ，2004年には1273万円である。このうち，保険の貯蓄現在高に占める割合は，1980年の19.7％から2000年には33.0％となり，保険による貯蓄の増加はめざましかったが，それ以降は減少傾向がみられ，2004年には29.7％になっている。保険による貯蓄は，個人の生活保障を目的として，国・企業・家族が一体となって成り立っている。年金，医療，雇用保険などの公的保障と，退職金，企業年金などの企業による私的保障があるが，

図2-6　全国勤労者世帯の貯蓄と負債の1世帯当たり現在高

（その他／住宅・土地関連）負債　貯蓄（保険／金融機関以外／金融機関）

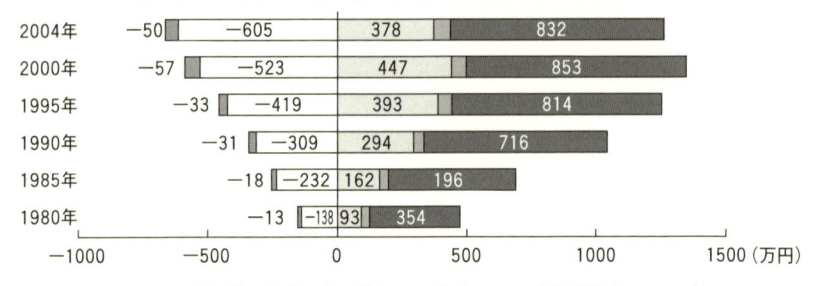

年	その他	住宅・土地関連	保険	金融機関以外	金融機関
2004年	−50	−605	378		832
2000年	−57	−523	447		853
1995年	−33	−419	393		814
1990年	−31	−309	294		716
1985年	−18	−232	162		196
1980年	−13	−138	93		354

（出所）　総務省統計局『日本の統計 2006』表19-7（「家計調査」, 2000年以前は「貯蓄動向調査」）より作成。

いずれも家庭や家族だけの問題として捉えることはできないため, 社会制度の問題として捉えていかなければならない。

　また, 負債に関しては, 住宅・土地関連の負債は年々増加し, 負債年収比を高める結果となっている。一方, 住宅・土地関連以外の負債額が負債総額に占める割合は小さいが, それなりに増加が続いており, 貯蓄額の伸びが減少に転じた2000年以降も負債総額は伸びている。とりわけ, 家庭の住生活にかかわる住宅・土地関連の負債は, 社会的・時代的背景と関連が強く, 家庭の問題としてではなく, 社会システムの改善を視野に入れた方策が望まれる。

e.　貯蓄・負債のもつ社会的意味

　貯蓄とは, 家庭や家族員の個別的な生活過程の自立性を保持する役割を果たすものであるが, 一般的には, 個々の世帯が独自で, 起りうるさまざまなライフイベントや不測の事態に備えて, 十分な貯蓄をすることは不可能に近い。銀行, 郵便局, 有価証券購入などの個別的貯蓄のほかに, さまざまなリスクに対応する生活保障のために, 個人的枠組を越えた公的扶助や互助活動, あるいは私的保険会社などの組織による生命保険やガン保険といった各種保険システムがある。個別的貯蓄やいずれの保険システムも, 個々の家庭や家族員を含めたすべての生活者の「生活の起伏に対処するための零細な準備金

としての基金であるが,それらは国家と資本のもとに集められ(伊藤・内藤前掲書:136)」,社会的システムに組み込まれている。

このように国家と資本のもとに集められる基金は,政府の国家財政基金として支出され,あるいは企業としての銀行や生命保険会社による貸付,投資,その他の運用にあずかる。その使途は,家計管理の主体者の意志と離れたところで決められ,かならずしも反映されるとは限らない。

したがって,貯蓄の有効な利用とは,家計管理の主体者が政府の金融政策や財政政策に対して国民として監視し,行政に対する発言権を行使した行政参加の姿勢をもつことが必要である。貯蓄に関しても,政府や企業との関連において把握しなければならない。家計の多様化により,各家庭が家計管理・家庭経済計画を意識的・主体的に行なう必要性が増大している。

3 家庭の生活設計と生活時間

(1) 家族のライフスタイルや価値観の多様化

わたしたちは,現実のルーティン化した日常生活を繰り返していくなかで,人生の節目に沿って,あるいは家庭や家族のライフイベントや予測しない事態に遭遇し,独自の価値観,ライフスタイル,生活理念,生活規範,生活目標,生活課題解決の対処スタイル(岡村 1997:27)などをつくりだしている。このような家族や地域などの生活の中でつくられる生活文化は,伝統工芸や伝統料理などの伝統文化とともに伝達・継承されてきた。しかし,生活の社会化が進展した現代は,とりわけ,家庭や家族の生活設計にかかわる結婚形態,職業観,重要視するライフスタイルなどの多様化がみられる。

a. 結婚形態

結婚適齢期規範の緩みや,精神的,経済的理由などから定位家族との生活期間を延長する傾向がある結婚モラトリアム現象などもみられて結婚年齢は高くなっている。あるいは,外食やさまざまな商業的サービスを利用できるなど,生活の社会化により独り暮らしが可能になったこともあり,シングル現象も増加している。

また，結婚はしても同居をしないコミューターマリッジや未入籍の事実婚なども増加傾向にある。子どもを持つかどうか，あるいは子どもの人数なども個人の選択による意思決定が強まり，少子化傾向が進行している。
　「生活の社会化が進み，専門分化が進むということは，個人が自分の生殖家族を通じて全体社会とつながっているという見方が弱まることを意味する（岡村　前掲書：25）」と考えられる。このように，家族を媒介しないで，あるいは家庭の単位ではなく，個人が社会と直接かかわるという意識傾向がみられるようになってきている。

b. 職業観

　家庭や家族員の生活を維持・更新するために必要な家庭経済の基盤となる職業について，経済的な豊かさを重視するのか，仕事のやりがいを重視するのかといった就労目的に対する職業観も個人の価値観によって多様になっている。
　また，フルタイム・パートタイム・派遣社員・自営業・SOHOなどのさまざまな就労形態がみられるようになってきており，個人の重視するライフスタイルや家庭のライフステージなどによって就労形態の選択肢が増えている。就業時間については，**図 2-7** に示すように，非農林業就労者の週間就業時間が1～34時間と相対的に少ない人は，1985年から2000年までの15年間で男女ともに増加している。逆に，週間就業時間が49時間以上と相対的に多い人は，1995年以降男女ともに減少しているが，男性は再び増加傾向がみられる。
　また，2000年以降，非農林業以外に就労する男性は，週間就業時間が1～34時間と相対的に少ない人は10％余りであるのに対して，50％弱の人は35～48時間，40％弱の人は49時間と，フルタイムの週間就業時間を職業生活に充当している。一方，非農林業以外に就労する女性は，週間就業時間が1～34時間と相対的に少ない人は40％余りになり，男性に比べて，フルタイムの週間就業時間を職業生活に充当している女性は少ない。
　家庭や家族員のライフスタイルやライフステージなどによって，就労形態は多様化しているにもかからず，非農林業就労者の平均週間就業時間をみる

図2-7 非農林業の週間就業時間別就業者の割合

		1〜34時間	35〜48時間	49時間以上	調査対象の就業者総数
男性:	1985年	6.2	43.2	50.6	(3204)
	1990年	8.3	41.9	49.7	(3439)
	1995年	9.1	53.2	37.7	(3606)
	2000年	13.1	47.8	39.1	(3515)
	2004年	13.3	46.9	39.8	(3491)
女性:	1985年	28.0	49.6	22.4	(2033)
	1990年	32.0	47.6	20.4	(2285)
	1995年	34.0	50.7	15.3	(2405)
	2000年	40.9	44.7	14.4	(2414)
	2004年	41.2	44.5	14.3	(2439)

（出所）総務省統計研修所『日本の統計 2006』（「労働力調査」『労働力調査年報』）表16-9より作成。

限りにおいては，男女の就労形態には，依然として差がみられ，むしろ，差が広がる傾向にある。

c. 重要視する家族のライフスタイル

生命の維持・更新，生計の維持・更新，および高次の人間諸活動と三重構造をなす生活は，①基本的な暮らし向き，②安心・安全な暮らし向き，③充足した関係，④承認・納得，⑤自己成長努力，の5つのレベルの生活活動に分けて捉えることができる（詳細は，第1章1（1）a.を参照）。レベル①は，生命の維持・更新に不可欠な衣食住生活の維持とそれにかかわる物質的資源などの基本的な暮らし向きを確保するための生活活動，レベル②は，生計の維持・更新のために，安全・安心・安定を優先させ，省消費努力などによって，安心・安全な暮らし向きを確保するための生活活動である。さらに，より高次の人間諸活動のために，レベル③は，拠り所ある生活，心豊かな生活，居場所のある生活，幅広い人間関係などの充足した関係を構築するための生活活動，レベル④は，承認・納得などのセルフエスティームの構築にかかわる生活活動，レベル⑤は，多くの新たな挑戦，家庭外で自分を発揮，自分なりの努力を実感するなどの自己成長努力を伴う生活活動である。

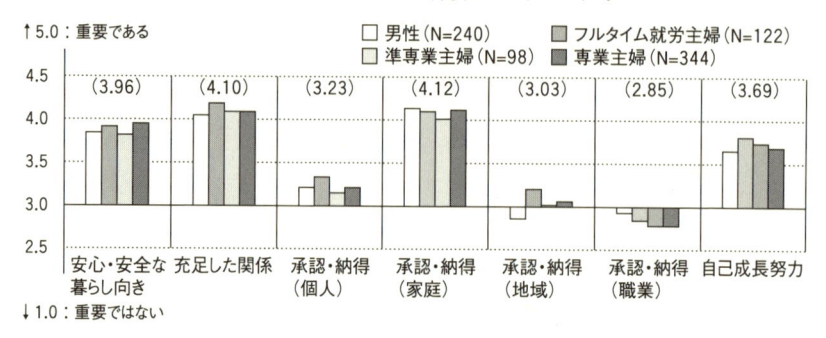

図2-8 属性別にみた重要視するライフスタイル

↑5.0：重要である
□男性(N=240)　■フルタイム就労主婦(N=122)
□準専業主婦(N=98)　■専業主婦(N=344)

(3.96)　(4.10)　(3.23)　(4.12)　(3.03)　(2.85)　(3.69)

安心・安全な　充足した関係　承認・納得　承認・納得　承認・納得　承認・納得　自己成長努力
暮らし向き　　　　　　　（個人）　（家庭）　（地域）　（職業）

↓1.0：重要ではない

（出所）小谷良子「専業的主婦のライフスタイルと自立と共同の認識——男性・フルタイム就労主婦との比較分析」奈良女子大学人間文化研究科『人間文化研究科年報』第17号，図4（2002d）。
（注）図中の（数字）は，全対象者の平均値を示す。

このような生活活動のうち，それぞれの家庭や家族員にとって，どのレベルに問題が多くみられるのか，あるいはどのレベルに関心を示しているのかといった個人の価値観の持ち方や，男性・女性，あるいはフルタイム就労主婦・パートタイム就労主婦・専業主婦といった属性的な差異や居住地域の生活環境によっても，重要視するライフスタイルは異なってくる。

図2-8は，1960年代の高度経済成長期に，家族の変化を牽引し具現していったサラリーマン家族が大量に居住する大規模郊外住宅地（野沢 2000：109）において，20歳以上の有配偶男女を対象に「重要視するライフスタイル」について調査した結果である（小谷 2002d：341-356）。レベル④承認・納得については，個人としての承認・納得（センスのよい趣味・振舞，サークルでの中心的役割，納得できる仕事など），家庭における承認・納得（子ども・配偶者・親・親戚からの信頼と尊敬など），地域における承認・納得（地域活動への積極的参加，近所での評価など），社会における承認・納得（家庭犠牲を厭わない，高学歴，高収入，高い地位など）の4つの生活領域別に細分化して尋ねている。なお，それぞれの項目に対して，5．重要である，4．まあ重要である，3．どちらともいえない，2．余り重要ではない，1．重要ではない，のいずれか1つを選択するように設定している。

性別や就労形態の違いにより若干の差はみられるが，サラリーマン家族が

多く居住する大規模郊外住宅地の住民は，概して，家族の承認・納得を獲得し，家族との充足した関係を築き，家庭の安心・安全な暮らし向きを維持・更新しうるようなライフスタイルを重要視しており，また，個人的な承認・納得を獲得し，自己成長努力を伴うライフスタイルをある程度重要視する傾向もみられる。しかし，地域や社会における承認・納得を獲得しうるライフスタイルを重要視しているとはいえない。家庭組織内の家族関係や家族の生活活動に特化したライフスタイルへの認識は高いが，家庭組織外の地域や社会との関係性を構築する生活活動に対する関心は乏しいことが示唆されている。

(2) 生活設計の意義と方法
a. 生活設計の視点

上述のような高度経済成長によって新しく都市の労働市場へ参入してきた新中間層とよばれる勤労者層は，都市化・サラリーマン化・核家族化といった社会変動に加えて，団地という新しい住生活様式，家庭電化・生活用品のインスタント化，およびレジャーの創出などを支持し，合理化・洋風化・快適化といった生活価値観の変動を実現していった（佐藤 1989：220）。新中間層の人びとは日常生活における消費行動やライフスタイルの変化を牽引しただけでなく，住宅取得，子どもの教育，老後の生活などの新しい生活ニーズを創出した。こうしたライフスタイルの変動に着目してさまざまな視点から生活設計が提案されている。

昭和初期に初めて登場した生活設計概念の流れをくむ家計管理に着目した「生活の合理化・計画化を図る」ための生活設計論，あるいは，自己実現や心の豊かさなどの夢や目標を実現するための手段としての「経済的豊かさとその安定」「資源形成」を図る生活設計論（大石 2002：64-65）など，多様な生活設計論が展開されるなか，それらにみられる基本的な視点は次のように整理される。個々の家庭の生活設計は，①社会的展開が必要である，②家庭や家族の状況と課題を家計を軸にして検討する，③夫婦の就業・雇用状況を考慮する，④個々の家族員の要求や希望に配慮する，⑤家族の，とりわけ妻のライフステージに配慮する，⑥家庭や家族の社会的保障（シビル・ミニマ

ム）を確認し，自助による保障の諸条件を認識しておく，などが挙げられる（佐藤 前掲書：224-225）。

b. 生活設計の方法

　自分の価値観に基づいた生活の実現に向けて，もっとも重要なことは，ある時点の人々の生活は，「同時に過去の生活を背負い，また未来の生活をはらんでいる」（森岡 1993：1）ため，絶えず，過去 - 現在 - 将来のライフコース上の時間軸に沿ったパースペクティブがなされなければならない。具体的な生活設計を立てる手順として，次の①から⑥の6つのステップが必要とされている（大石 前掲書：65-66）。

　①自己のおかれた過去や現在の状況を把握し自己の内面的な性向を認知して，自分の価値観を明確にした上で，②過去 - 現在 - 将来の一連のライフコースにおける主体的な生活目標や目標とするライフスタイルなどを明確にし，そのために必要な資源や社会との関わりを考えることが重要である（詳細は第1章，2（2）を参照）。そして，③目標の実現に必要な生活資源とその活用課題を把握し，行動計画をたてるなどの生活資源管理（詳細は第2章1（2），（3）を参照）や，④現在 - 将来の種々のリスクを確認・想定し，それらへの備えを評価・処理・対応するプロセスとしてのリスク管理（詳細は以下のc.を参照）を実践し，⑤目標とする個人の生活活動の実行時期・資金計画・保障などについて，家族員のライフサイクルとのさまざまな調整と合意を図る（詳細は次のd.を参照）ことが必要である。さらに，⑥実行段階では，状況の変化や新たに想定されるリスクへの対応などの状況判断により，計画の修正などの定期的な見直しをする，という6つのステップによって，個人のみならず，家族にとっても適合的な生活の設計に至る。

　このように，長期にわたって家族が達成していくさまざまな事象（生活価値観や希望も含めて）に目配りをして，生涯にわたる生活の見通しや計画を組む必要がある（佐藤 前掲書：219）。

c. リスク管理：危機的事態への対応

　リスク管理は，現在，および将来の家庭や家族員に起るであろう種々のリ

スクを想定し，それらへの備えを評価・処理・対応するプロセスとして捉えられる。例えば，自然災害や事故による生命・生存の危機的事態，家族員の疾病や死などによる生命・生存の危機的事態，あるいは，社会がもたらすリストラや倒産などによる生計の維持・更新にかかわる危機的事態などによって，わたしたちは，それまで送ってきた豊かな生活・ないしは安定した生活は突然崩壊するというリスクを背負って生活している。このような生命・生存の危機的事態の発生や安定的な時間・空間・関係性の余儀ない変更を予期しない出来事として想定するのではなく，予期できる出来事として生活設計に組み込み，危機管理や生活の再構成への方策を備えておかなければならない。同時に，社会においてもこれらの支援をする施策を提供する必要がある（岡村 前掲書：29）。

　家庭や家族の危機的事態に対応するため，預貯金や保険貯蓄など自助努力による備えは不可欠である。しかし，さまざまな危機的事態に家庭や家族だけで十分補えるものでもない。また，預貯金や保険による貯蓄は，国・企業・家族が一体となって成り立っており，家庭や家族の問題としてのみ捉えることはできない。わたしたち一人ひとりが社会の構成員であることを自覚をして，危機的事態への対応を社会制度の問題として積極的に捉えていかなければならない（詳細は第2章2（4）c.を参照）。

d. 家族のライフサイクルとライフステージ

　家族のライフサイクルとは，結婚から配偶者の死に至るまでの家族の発達段階（ライフステージ）に視点をおいた生活周期を指す。

　本来，生活設計は家族（世帯）単位で，家族のライフサイクルや生活構造に視点をおいて考えられてきたが，生活の個人化が進み，現在の生活設計は，個人のライフスタイルの実現に主眼がおかれるようになっている。現在は，個人のライフスタイルは多様化しており，同時に，結婚形態の多様化，出生率の低下，平均余命の上昇，あるいは出産期間の縮小などにより家族のライフサイクルにも変化がみられる。それぞれの家庭において，個人や家族員のライフコースと家族のライフサイクルに接点をもたせた，いわゆる家族のライフステージを考慮した実現可能性の高い生活設計の立案が，目標の明確化，

表2-3 家族のライフサイクルにみられるライフステージとその特徴

ライフステージ	特徴
①新婚期(結婚〜第1子誕生)	異なる環境で育った2人が自分たちの生活を築く時期 ※その後の生活活動に多大な影響を及ぼす
②出産・育児期	家族関係が三者関係になる, ※親役割が期待され,その適応と夫婦関係の希薄化が課題となる
③子どもの学童期	子どもの自主性と家族への所属感・家族や両親への忠誠心との適切なバランスが重要 ※子どもへの期待の過重・喪失など親子間のバランス(子どもとの心理的分離への対応)が課題となる
④子どもの青年期	親に対し自立と依存の葛藤が一段と激しくなり,子ども自身が自我同一性を確立する時期 ※祖父母世代の世話や介護が始まることも多い ※特に自立と制御面で,信頼関係を損なわない親子関係を再規定することが課題となる
⑤子どもの巣立ち期 (エンプティネスト期)	物理的・心理的な側面での子どもの親離れ期・親の子離れ期。子どもの巣立った後の期間をエンプティネスト(空の巣)期と呼ぶ ※長寿化・少子化により出現した長い「エンプティネスト(空の巣)期」をどう生きるかが現代家族の課題となる
⑥加齢と配偶者の死別期	加齢と共に老化,コミュニケーション能力・運動能力・経済的能力の低下,近親との死別 ※築き上げてきた家族の信頼関係を損なうことなく,種々の喪失経験を受容することが課題となる

(出所) 大石美佳「生活設計」石川實編『家族・保育・福祉・経済』家政教育社(2002)pp. 68-69,佐藤慶子「生活設計の必要性と内容」宮崎礼子・伊藤セツ編『家庭管理論 新版』(1989)pp. 225-228,を参照して作成。

生活資源調達の具体化につながる(大石 前掲書:70)。

表2-3は,平均的な家族のライフサイクルにみられるライフステージとその特徴を整理したものである。一般的に,ライフステージは,①新婚期,②出産・育児期,③子どもの学童期,④子どもの青年期,⑤子どもの巣立ち期,⑥加齢と配偶者の死別期,の6つのステージに分けられる。

現代の家族のライフサイクルにみられる特徴として,②出産・育児期の短縮と⑤子どもの巣立ち期を迎える年齢の低下,およびその後の⑥加齢と配偶者の死別期に至るまでの,いわゆる「エンプティネスト(空の巣)期」といわれる期間の長期化があげられる。1人の女性が産む子どもの数が減ったことにより,その出産期間は大幅に短くなっている。例えば,1920年(大正期)には,平均して21.2歳から35.9歳までの14.7年の出産期間があったのに対して,1991年には,25.9歳から30.4歳までの4.5年になっている(久武 1997:238)。すなわち,平均結婚年齢が高くなっているにもかかわらず,子どもの出産数の減少に伴い,子育ての終了年齢は低下し,出産・育児

期は大幅に縮小され，子どもの巣立ちを迎える年齢も低下してきている。さらに，平均余命の伸びも加わり，子どもの巣立った後の「エンプティネスト（空の巣）期」が著しく長くなってきている。

（3） 生活時間
a． 生活時間の分類
　生活時間とは，ある一定の時間（普通は1日24時間に基づく）を個人がどのように消費したのかという，わたしたちの生活資源の1つである時間についての消費記録を指す。時間を軸にした生活活動を客観的に描き出すことによって，生活の内容や質を検討でき（長津 1997：55-56），各自の生活活動やライフスタイルを見直したり，生活設計の修正にもつながる。国民の経済的豊かさがある程度達成された高度経済成長以降，経済的側面以外の国民生活に目を向けていかなければいけないといった認識に基づき，1976年から始まった総務省（旧総理府）の「社会生活基本調査」は，「国民生活の充実などのために必要となる余暇活動をはじめ，文化，健康など社会的な面を明らかにするための基本統計」と位置づけられて，「日々の生活における「時間のすごし方」と1年間の「余暇活動」の状況など，国民の暮らしぶりの調査」と明記している（総務省統計局ＨＰ http://www.stat.go.jp/）。

　代表的な生活時間調査では，**表2-4**に示すように，生活活動の着目点によって生活時間の分類法は異なっているが，基本的には，生活時間は，「生命」の維持・更新にかかわる「生理的生活時間」，「暮らし」の維持・更新にかかわる「社会的生活時間」，およびより高次の人間的諸活動にかかわる「文化的生活時間（自由時間・余暇時間）」に分類されている。

b． 時間配分
　よりよく生きるために，生活時間の配分や有効な時間利用による生活の営みを検討することが大切である。生活時間の配分は，年齢，性別，職業の有無によって規定される。現実には，長すぎる収入労働時間，女性に大きな家事労働時間の負担，短い自由時間・余暇時間など，生活時間のアンバランスな配分が指摘されており，「生理的生活時間」，「社会的生活時間」，「文化的

表 2-4 生活時間の分類

生活時間調査の主体	着眼点	生活時間の分類
総務庁「社会生活基本調査」 1976年から5年に1度の継続調査を実施	必要性，義務，その他の生活活動に3分類	「1次活動」：睡眠食事など人間が生きるために生理的に必要な活動 「2次活動」：仕事や家事など社会生活を営むうえで義務的要素をもつ活動 「3次活動」：学習・研究，趣味・娯楽など自由に行なう活動
NHK「国民生活時間調査」 1960年から5年に1度の全国規模の大規模調査を実施（1941年に業務上の必要から実施したものを引き継ぐ）	必要性，および拘束性の有無によって3分類	「必需時間」：個体を維持向上させるために行なう必要不可欠性の高い行動に割り当てる時間 「拘束時間」：家庭や社会を維持向上させるために行なう義務制・拘束性の高い行動に要する時間（仕事・学業・社会参加） 「自由時間」：人間性を維持向上させるために行なう自由裁量性の高い行動に要する時間
伊藤ほか「生活時間調査」 1975年から5年に1度，勤労者夫妻を対象に実施	社会的労働時間と労働力再生産時間に2大分類。さらに後者を生理的，家事的，社会的・文化的生活時間に3分類	【社会的労働時間】 「収入労働時間」(注) 【労働力再生時間】 「生理的生活時間」 「家事的生活時間」(注) 「社会的・文化的生活時間」

（出所） 長津美代子「生活と時間」長津美代子ほか著『現代社会と生活』建帛社（1997）pp. 57-58を参照して作成。
（注） 収入労働時間と家事的生活時間を合わせ「全労働時間」としている（伊藤・天野ほか 1984：pp. 79-80）。

生活時間（自由時間・余暇時間）」のバランスを保つことは重要な課題となっている。

表 2-5 は，2001年に実施された総務庁「社会生活基本調査」結果にもとづき，男女，年齢，行動の種類別に週日・週末を含めた1週間の1日平均時間を示すものである。この表から読み取れる日本人の1日の平均的な時間配分について概略は以下のようになっている。

睡眠・食事などの生命の維持・更新にかかわる1次活動に費やされる生理的生活時間は，10時間36分（1日の44.2％），仕事・学業・家事などの2次活動に費やされる社会的生活時間は，6時間56分（1日の28.9％），趣味・休養・学業以外の学習・社会参加活動・付き合いなどの3次活動に費やされる文化的生活時間は，6時間28分（1日の26.9％）となっている。1996年に実施された同調査の結果（**表 2-6**）では，1次活動に費やされる生理的生活時間は，10時間35分（1日の44.1％），2次活動に費やされる社会的生活時間は，7時間13分（1日の30.1％），3次活動に費やされる文

表 2-5 男女, 年齢, 行動の種類別にみる 1 週間平均時間 (平成13年度)

(単位 時間:分)

区　分	総数	合計	男性 10～14歳	男性 15歳以上	合計	女性 10～14歳	女性 15歳以上
1次活動	10:36	10:30	11:04	10:28	10:42	11:11	10:40
睡眠	7:45	7:52	8:38	7:49	7:38	8:31	7:35
身の回りの用事	1:13	1:02	0:57	1:02	1:23	1:09	1:23
食事	1:38	1:36	1:29	1:36	1:41	1:31	1:41
2次活動	6:56	6:51	5:44	6:55	7:01	6:01	7:04
通勤/通学	0:31	0:41	0:37	0:41	0:22	0:38	0:21
仕事	3:39	4:56	0:00	5:14	2:27	0:00	2:35
学業	0:40	0:43	4:57	0:27	0:37	5:05	0:22
家事(介護・看護・育児・買い物)	2:05	0:31	0:10	0:33	3:34	0:18	3:45
3次活動	6:28	6:39	7:12	6:37	6:17	6:48	6:15
移動(通勤・通学を除く)	0:32	0:32	0:24	0:32	0:33	0:22	0:34
趣味・娯楽・スポーツ	0:55	1:06	1:58	1:02	0:45	1:15	0:43
テレビ・新聞等／くつろぎ・休養	3:52	3:57	3:31	3:58	3:47	3:37	3:48
学習・研究(学業以外)	0:14	0:14	0:44	0:12	0:13	0:57	0:11
ボランティア・社会参加活動	0:04	0:04	0:03	0:04	0:05	0:03	0:05
交際・付き合い	0:26	0:25	0:17	0:26	0:27	0:17	0:27
受診・療養	0:08	0:07	0:03	0:07	0:10	0:03	0:10
その他	0:16	0:14	0:12	0:15	0:18	0:15	0:18

(出所) 総務省統計研究所編『日本の統計 2006』表23-12「社会生活基本調査報告」に基づき作成.
(注)(1) 調査対象は, 平成11年国勢調査調査区より抽出した約6400調査区から選定した約7万7000世帯, およびその世帯に住む10歳以上の者約20万人. 実施期間は平成13年10月13日～10月21日.
(2) 表中の網かけ表示は, 特に注目される特徴を示す (表2-6においても同項目に網かけ表示).

化的生活時間は, 6時間12分 (1日の25.8％) となっており, これらから, 社会的生活時間が減少し, 文化的生活時間の増加傾向がわずかにみられる.

しかし, 2次活動の社会的生活時間に費やす男女差は顕著であり, 15歳以上の男性は, 週1日平均, 仕事に5時間14分を割いており, 家事に費やす時間は14分である. これに対し, 15歳以上の女性は, 同様に, 仕事に2

表2-6 男女, 年齢, 行動の種類別にみる1週間平均時間（平成8年度）

（単位 時間：分）

区　分	総数	男性 合計	男性 10〜14歳	男性 15歳以上	女性 合計	女性 10〜14歳	女性 15歳以上
1次活動	10：35	10：29	11：05	10：26	10：40	11：09	10：39
睡眠	7：47	7：55	8：42	7：52	7：40	8：33	7：36
身の回りの用事	1：09	0：58	0：54	0：58	1：19	1：05	1：19
食事	1：39	1：35	1：30	1：36	1：42	1：31	1：43
2次活動	7：13	7：10	5：54	7：15	7：17	6：07	7：21
通勤／通学	0：33	0：43	0：36	0：44	0：23	0：38	0：22
仕事	3：54	5：13	0：03	5：36	2：38	0：03	2：48
学業	0：44	0：48	5：03	0：29	0：41	5：06	0：24
家事（介護・看護・育児・買い物）	2：02	0：24	0：12	0：27	3：34	0：20	3：46
3次活動	6：12	6：21	7：00	6：19	6：03	6：44	6：00
移動（通勤・通学を除く）	0：24	0：25	0：17	0：25	0：24	0：17	0：24
趣味・娯楽・スポーツ	0：49	0：59	1：54	0：56	0：40	1：09	0：38
テレビ・新聞等・くつろぎ・休養	3：48	3：50	3：30	3：52	3：46	3：40	3：46
学習・研究（学業以外）	0：12	0：12	0：43	0：10	0：12	0：55	0：10
ボランティア・社会参加活動	0：04	0：04	0：02	0：04	0：04	0：02	0：04
交際・付き合い	0：27	0：27	0：18	0：28	0：27	0：19	0：27
受診・療養	0：07	0：06	0：03	0：07	0：08	0：03	0：09
その他	0：20	0：17	0：13	0：18	0：22	0：19	0：22

（出所）総務庁統計局編『日本の統計 1999』表21-11「社会生活基本調査報告」に基づき作成。
（注）調査対象は，平成7年国勢調査調査区より抽出した約6600調査区から選定した約9万9000世帯，およびその世帯に住まう10歳以上の者約27万人。実施期間は，平成8年10月。

時間35分，家事時間は2時間42分となっており，介護・看護・育児・買い物を含めた家事労働は全面的に女性が担っている傾向がみられる。また，趣味・娯楽やスポーツなどの娯楽時間も，男性に比べて女性はやや少ない傾向がみられる。

　10〜14歳の子どもは，週1日平均，学業に約5時間，通学に40分ほど費

やしており，さらに自由裁量となるべき生活時間に40分から1時間ほどの学業以外の学習時間を費やしている。一方，家事労働に参加する週1日平均時間は，男子は10分，女子は18分と非常に短い。1970年のNHK「生活時間調査」では，週1日平均の家事時間は小学生は29.6分，中学生は53.1分である（NHK世論調査部 1992）。日常の家事労働に参加する，あるいは役割を担う時間が減少したことは，「生活的自立の訓練や家族独自の生活文化を身に付ける機会が少なくなったことを意味する（長津 前掲書：61）」。また，家族員一人ひとりが充実した生活を送れる家庭をつくるためには，家族の一員として，権利だけではなく義務や責任が伴うことを子どもが認識することも重要である。

　また，男女ともに，週1日平均のボランティア・社会参加活動に費やす時間は4分である。仕事に時間を奪われ，家事労働などを含めて私生活の営みに時間を割くことに精一杯であれば，地域社会とのかかわりやコミュニケーションは，希薄になっていくだろう。地域社会の中にそれぞれの家庭があり，家族が暮していることを考えれば，わたしたちは，地域社会とのつながりがなくては，豊かな心と人間的な生活を実感できない。これらを実感しうる時間を確保するという認識をもって，自らの生活時間の管理をしていくことが重要であり，さらに社会システムのあり方にも積極的に問題提起していくことも必要である。

4　生活空間と親子の家庭生活

（1）　生活空間

a.　住まいを取り巻く環境

　人びとの基盤的な生活行動の1つである「住む・暮す」ということは，モノとしての住宅と，その住まいを取り巻く地域環境に大きく左右される。すなわち，家庭や家族が快適な暮らしを送ることができるかどうかは，家族の問題だけではなく，住まい内外の日常の生活空間の環境によって大きく左右される。例えば，①公共施設や下水道などの生活基盤の充実，②通勤・通学・買い物などの社会的生活環境の利便性，③集合住宅や高層住宅の増加と

住まい方の多様化がみられるなか，子どもや高齢者，あるいは障害者にとって，その身体的状況に住宅や居住地域の構造や環境が適しているのかどうか，といった物質的要素だけではなく，快適さ（アメニティ）や社会的支援を得やすい環境（川崎 1997：77）などにも，家庭や家族員の暮らしは影響を受ける。その一方，生活空間は，生活時間と同様に，家庭の経済的資源と密接な関係があるため，家庭や・家族の生活水準によって制約を受けることが多い（岡村 1997：21）。

また，生活の個人化などによる近隣との関わりの希薄化も課題である。さらに，近隣騒音・ゴミの増量，生活排水による水質汚濁，車の排ガスによる大気汚染など公害に関する住環境の問題なども社会問題となっている。これらは，もはや家庭や家族のみでは対応できない課題であり，同じ地域に住む人びとが，相互に快適な生活を送るために，近隣における生活課題の発見やその解決策をともに考え行動する，いわゆる共同の概念が必要である。同時に，地域に共存・共属する多様な人びととのそれぞれの個性やアイデンティティを対等に尊重することも重要であり，地域の自然環境の回復・維持・更新なども含めた共生の概念も生活空間の創造には必要である。

b. 家族の生活の場としての住まい

住まいは，本来は，健康・安全・快適に暮らすための個人生活を中心とした場としての機能をもっている。命の保護や健康維持のために，家事労働や休息・団らんが行なわれ，あるいは子どもの養育や高齢者が保護される場所でもある。

生活の個人化が進み，個人生活に対する意識が高揚し，現代は，①空間的欲求（就寝分離，居間の確立，個室の確保），②利便性，③設備性，④快適性（インテリア）など，個人や家族がくつろぐ空間としての機能が重視されるようになっている。

また，個人や家族の職業，家族構成，居住地域，生活価値観，あるいは生活意識の違いなどによるライフスタイルの多様化を反映して，住宅の形式も多様化してきている。家族員個々のライフスタイルにあった住空間の創造能力を育成することも必要である。

しかし，子どもは，衣生活や食生活に比べて，住生活に主体的に関わる部分が少ないため，関心が乏しく，住まいに問題意識を持ちにくいといわれている。児童の生活実態調査では，閉め切った部屋にいて気分が悪くなった経験をもつ者は37.8％もいた報告もある（野田 1997：116）。子どもも家族の一員として，住まいの基本的な機能や住まい方に関心を持ち，知識を身につけるように導き，快適で安全な住生活を自分の力で作り出せる，あるいは，身の回りの生活環境は自分の手で管理できることを気づかせることは重要である（野田 同上：116）。

c. 住空間と住まい方

　住空間とは，住生活（住まいで行なわれる生活行為）を営む空間を指す。したがって，生活行為の目的によって，①個人的空間，②共同生活空間，③整理衛生空間，④家事労働空間，などに分類されている。快適な住生活をつくるには，これらのそれぞれの空間が効率よく組み合わされることが必要となる。物理的な住空間の拡張は，増築や住み替えによってしか実現しないため，生活の変化に応じて住空間を使い分けることが重要である。生活行為に必要な空間を圧迫しないように，生活財の整理・整頓・収納をマメに行なうなどして，あるいは不要物を処理するなど，空間の有効利用を考える必要がある。

　一方，住空間に対する施策として，「1世帯1住宅」「1人1室」の住宅確保，および住宅難解消を目標として，住宅建設指針「住宅建設計画法」が1966年に策定され，以降5年毎に住空間の誘導居住水準が閣議で決定されている。1976年の第Ⅲ期住宅建設五箇年計画以降は，居住水準の向上を目標としている。2001年に閣議決定された第Ⅷ期住宅建設五箇年計画では，誘導居住水準として，①国民の多様なニーズに対応した良質な住宅ストックの整備，②いきいきとした少子・高齢社会を支える居住環境の整備，③都市居住の推進と地域活性化に資する住宅・住環境の整備，④消費者がアクセスしやすい住宅市場の環境整備の推進，などが示されている。こうした住環境をも含めた課題は，家庭や家族と地域・社会との連携でとらえなければ解決に向かわない。

しかし，快適で安全な住空間の創出と管理は，生活当事者の科学的根拠に基づいた基本的知識・生活態度に負うところが大きい。①整理・整頓・掃除，②ゴミの分別処理，③室温・換気・明るさ，④生活水・生活排水，⑤事故等への配慮が必要である。とりわけ，②ゴミの分別処理や④生活水・生活排水など，環境保持・改善へのそれぞれの家庭の主体的な取り組みは欠かせない。

d. 住環境

家庭生活や社会環境をとりまく自然環境は，人びとの快適な生活と生命の安全を守ってきたが，経済発展や科学・産業技術の高度化によって，自然環境は破壊され，地球規模での大気・水・土壌の汚染などが問題となっている。これらの対策として，国・地方公共団体・事業者・国民がおのおの役割を分担して，社会・経済システムや生活様式の見直しを図ることを目的に，1993年に「環境基本法」が制定された。さらに，翌年には，①環境への負荷の少ない循環による社会・経済システムの実現，②自然と人間の共生，③全ての人々の参加，④国際的な取り組み，を目標とする「環境基本計画」の閣議決定がなされた。

以下では，住環境にとって，とりわけ深刻な問題となっている空気汚染，生活水・生活排水，および事故について，概観しておきたい。

【空気汚染】

大気汚染の主な原因物質には，工場の煤煙・車の排ガスなどに含まれる，NO_2，NO，SO_2，CO，などが指摘されている。二酸化硫黄（SO_2）と一酸化炭素（CO）は，1992年頃からやや減少傾向にあるが，その他の物質は横ばいで推移している。光化学オキシダント注意報の発令は，東京湾・大阪湾の沿岸地域で全国で発令される注意報の75％を占めるといわれ，特に交通量の多い地域は，依然として汚染状態が続いている。

一方で，身近な住空間でも空気汚染の問題は取り上げられる。人の呼吸による炭酸ガスの排出，調理・暖房の熱源による燃焼ガスの発生，臭気・湿気，あるいは埃・細菌など，住宅室内でも二酸化炭素や一酸化炭素は排出されている。とくに近年は，各種化学物質が含まれる建築資材が使われるようにな

表 2 - 7　室内汚染物質

発生源	汚染物質の例
人　　　　体	体臭，CO_2，アンモニア，水蒸気，ふけ，細菌
タバコの煙	粉塵（タール，ニコチン，他）CO，CO_2，アンモニア，NO，NO_2，炭化水素，各種発がん物質
人 の 活 動	砂じん，繊維，カビ，細菌
燃 焼 機 器	CO，CO_2，NO，NO_2，SO_2，炭化水素，煙粒子，燃焼核
事 務 機 器	アンモニア，オゾン，溶剤類
殺 虫 剤 類	噴射剤（フッ化炭化水素），殺虫剤，殺菌剤，殺鼠剤，防ばい剤
建　　　　物	ホルムアルデヒド，アスベスト繊維，ガラス繊維，ラドン及び変壊物資，接着剤，溶剤，カビ，浮遊細菌，ダニ
メンテナンス	洗剤，溶剤，砂じん，臭菌

（出所）　野田文子「安全な生活」野田文子編著『新しい小学校家庭科の研究』(1997) p.123，表 3 - 26①。

り，室内の空気汚染が問題となっている。**表 2 - 7**に示すように，住空間における空気汚染源はさまざまあり，それらを発生源とする汚染物質はかなりの種類にわたる。

　こうした汚染物質の発生源となる建築資材やメンテナンスのための化学薬品類などの使用を避けることは必要である。また，室内の汚れた空気を新鮮な空気と入れ替えるなどの定期的な換気が必要であり，あるいは，室内の自然な風の流れを利用して外気を入れたり排出したりするなど，室内通風の工夫をするように心がけなければならない（野田　同上：120-121）。

【生活水・生活排水】

　生命の維持や衛生的な生活活動に欠くことのできない安全な生活水が供給され，さらに社会・経済システムに負荷の少ない水道水が供給されるためには，何よりも水質保全が必要である。近年は，水源となる地下水のトリクロロエチレンによる汚染が指摘されたり，貯水池・河川の富栄養化による異臭味がするなど，さまざまな水質汚染の問題が浮上している。1970年には水質汚濁防止法が制定され，また，BOD（生物的酸素要求量）やCOD（化学的酸素要求量）などに代表される環境基準も設定されているが，閉鎖性の高

い湖沼や都市内の河川の浄化は進んでいない。水質汚染の主な原因は，工場廃水や各家庭からの生活排水である。安全な生活水を供給するためには，多額な浄水処理費が必要となり，公共経済への負荷も大きい。同時に，水道料金の上昇につながり，家計への負荷も大きくなる。

　生活排水による水質汚染は，洗濯洗剤，洗髪剤，入浴剤，台所洗剤，住宅・風呂用洗剤などの科学物質を含む用剤が主な原因になっていることが明らかにされている。とりわけ，塩素系漂白剤は，汚水の中で他の物質との混合により高い毒性をもつトリハロメタンに変化することが指摘されている。水質保全のために，各家庭において，汚染物質の使用中止や生活排水の減量に努めることは生活者としての義務でもある。また行政による下水道の整備も急がれるが，その普及率（下水道利用人口／総人口）は，2006年3月31日時点で，全国平均69.3％に留まっている（日本下水道協会2007）。普及率51％であった1994年から10年ほどの間に18％程度しか普及率の上昇はみられない。人口が集中する東京都は98％，神奈川県は95％，大阪府や兵庫県は89％と普及率は高いが，特に人口5万人未満の自治体が多く含まれる県の平均普及率は39.3％に留まっており，地域格差が大きい。

【事　故】

　わたしたちは，さまざまな生活空間において，予期しない事故に遭遇することがある。**表2-8**は，危害情報収集協力病院の情報に基づく2004年度の事故のうち，年齢別に1位から5位までを占める事故の原因を示したものである。10歳未満の子どもの事故は，階段，遊具，タバコ，机，自転車が上位を占めており，一方，70歳代以上の高齢者の事故は，同様に階段や自転車による事故に加えて，床，建具，ベッド，玄関などでの事故も上位を占めている。家庭内や地域における日常の生活空間での油断が事故につながることを示している。安心して暮せる快適な生活空間をつくるために，居住地域内の危険個所の見直しや地域情報マップの作成・活用も必要である。また，家庭においても事故の誘因となる住空間や生活習慣の見直しも必要である。

表 2-8 年齢別にみた危害発生の原因

	0～2歳	3～5歳	6～9歳	10歳未満計	10歳代	20歳代
1位	タバコ	遊具	遊具	階段	自転車	スノーボード
2位	階段	階段	自転車	遊具	野球	階段
3位	机	自転車	机	タバコ	階段	包丁
4位	いす	机	ドア	机	遊具	自転車
5位	ベッド	ドア	自動車	自転車	建具	自動車

	30歳代	40歳代	50歳代	60歳代	70歳代	80歳以上
1位	階段	階段	階段	階段	階段	床
2位	包丁	自転車	包丁	自転車	自転車	階段
3位	自動車	包丁	自転車	家庭工具	道路	ベッド
4位	自転車	油脂	家庭工具	道路	床	自転車
5位	食器	道路	自動車	包丁	建具	玄関

(注) 2004年度の危害情報収集協力病院（20病院）による8834件の情報に基づくデータ。
(出所) 国民生活センター編「消費生活年報 2005」国民生活センター，p.63, 表17（2005）。

（2） 親と子どもの家庭生活
a. 家族とのつながり

　家庭生活の多様化，社会の変化に伴う家族の価値観の変化などにより，家族の絆は希薄化したといわれている。しかし，家族の絆は，家族員の日常の生活行動を通して深まるため，家庭内の仕事（家事）に対して，一員として互いに実践可能なことを担うことが必要である。先述したように，とりわけ子どもの生活時間に占める家事時間は非常に少なく，また減少傾向もみられる（詳細は第2章3（3）b.を参照）。これらの背景には，子どもの学業などの教育への親の期待が大きく，子どもの発達段階に見合った家庭内の家事労働を「自分の仕事」として子どもに求める家庭が減少していることが挙げられる。**表2-9**から**表2-12**は，1994年の国際家族年に東京，上海，ソウル，ロンドン，ニューヨークの小学校5年生の子どもがそれぞれの家庭生活や家族関係をどのように感じ，評価しているかを表わした調査結果（ベネッセ教

表2-9 自分の家の居心地

(%)

		東京	上海	ソウル	ロンドン	ニューヨーク
楽しい	肯定	65.1	79.7	67.5	78.8	86.7
	やや肯定	17.4	11.6	15.0	11.6	8.6
	否定	17.5	8.7	17.5	9.6	4.7
のんびりする	肯定	61.9	51.8	75.6	74.9	83.9
	やや肯定	19.5	19.5	10.9	12.5	8.0
	否定	18.6	28.7	13.5	12.6	8.1
緊張する	肯定	3.5	5.8	12.7	15.0	18.1
	やや肯定	4.5	9.0	10.3	16.2	18.5
	否定	92.0	85.2	77.0	68.8	63.4
イライラする	肯定	10.2	5.7	14.9	31.0	21.1
	やや肯定	10.1	7.8	12.3	17.5	17.7
	否定	79.7	86.5	72.8	51.5	61.2

（注）（1） 肯定：とてもそう，わりとそう，やや肯定：少しそう，否定：余りそうでない，全然そうでない。
（2） とくに注目される特徴を網がけ表示する（以下の表においても同様である）。

表2-10 「あなたは幸せか」

(%)

	東京	上海	ソウル	ロンドン	ニューヨーク
とても幸せ	31.6	70.6	25.0	29.6	48.4
かなり幸せ	29.2	23.1	39.6	48.0	38.4
少し幸せ	30.3	3.9	24.5	15.8	9.9
少し不幸せ	5.9	1.8	8.0	3.9	1.9
とても不幸せ	3.0	0.6	2.9	2.7	1.4

表2-11 家事の手伝い

（毎日する，わりとする）(%)

	東京	上海	ソウル	ロンドン	ニューヨーク
洗濯	9.2	24.6	11.9	19.0	13.6
部屋の掃除	16.5	45.7	25.7	36.2	28.3
夕食後の皿洗い	25.7	47.7	17.6	42.9	31.9
夕食の手伝い	41.0	20.8	46.1	44.4	51.9
部屋の整頓	44.8	65.1	66.3	51.0	54.9

表2-12　自分の家の評価

(％)

		東京	上海	ソウル	ロンドン	ニューヨーク
家族が仲がよい	肯定	68.8	94.6	81.8	82.7	84.9
	やや肯定	20.4	3.4	12.6	11.3	9.4
	否定	10.8	2.0	5.6	6.0	5.7
お互いに助け合う	肯定	48.1	90.5	69.6	83.3	89.5
	やや肯定	31.4	6.1	20.0	10.5	7.5
	否定	20.5	3.4	10.4	6.2	3.0
近所とよくつきあう	肯定	48.0	72.4	65.7	75.5	86.3
	やや肯定	22.8	13.5	18.6	10.4	7.1
	否定	29.2	14.1	15.7	14.1	6.6
みんなが幸せ	肯定	64.0	94.6	76.4	78.1	86.2
	やや肯定	22.5	3.2	16.1	14.0	8.3
	否定	13.5	2.2	7.5	7.9	5.5

(注)　肯定：とてもその通り・わりとその通り，やや肯定：少しその通り，否定：余りそうでない・全然そうでない。
(出所)　**表2-9**から**表2-12**はベネッセ教育研究開発センター，チャイルド・リサーチ・ネット「第4回国際比較調査「家族の中の子どもたち」」『モノグラフ・小学生ナウ』Vol.14-4（1994），順次表19，21，38，17を参照して作成。

育研究開発センター　1994：『モノグラフ・小学生ナウ』Vol.14-4）である。

　自分の家の居心地（**表2-9**）について，東京の子どもは，「楽しい」と答えた者は65.1％であり，上海，ロンドン，ニューヨークの子ども（78.8％‐86.7％）に比べて少ない。逆に，「緊張しない」と答えた東京の子どもは92.0％に達しており，他の都市の子ども（63.4％‐85.2％）に比べて非常に多い。また，「とても幸せ」「かなり幸せ」と答えた東京の子どもは60.8％であり，上海，ロンドン，ニューヨークの子ども（77.6％‐93.7％）に比べて少なくなっている（**表2-10**）。主観的な回答でもあり，また生活文化の違いが反映されるが，これらの結果をみる限り，日本の子どもは，他国の子どもに比べて，楽しい，または幸せと感じる子どもが少なく，その一方で，家庭生活のなかで緊張感を抱く子どもも少ない。子どもの成育にとって，ど

のような家庭をつくりだしていくべきなのか，夫婦，あるいは親子が話し合うことも必要である。また，「少し不幸せ」「とても不幸せ」と回答した東京の子どもは8.9％となっており，こうした子どもが抱えている問題の要因を真剣に受けとめて，その解決策を探っていく必要がある。

　また，東京の子どもは，他国の子どもに比べて，家事を手伝うことが少ない。特に，洗濯，部屋の掃除，部屋の整頓などは，各都市の子どもたちの中ではもっとも少なくなっている（表2－11）。さらに，自分の家に対する評価について，東京の子どもは，「家族が仲がよい」「みんなが幸せ」という項目に否定的な回答が相対的に多いことに加えて，「近所とよく付き合う」「お互いに助け合う」という項目も否定的な回答が相対的に多い（表2－12）。その他に，紙面の関係で表の提示を割愛するが，父親と母親の生活活動の役割分担が他国よりも顕著であり，夕食を作る，一番早く起きる，子どもを叱るのは母親，仕事で疲れている，収入が多いのは父親であるなど，東京の子どもは，他の都市の子どもたちに比べてもっとも多くの項目にわたって両親の役割の違いを指摘している（同上：68，表36）。また，母親の帰宅が遅い場合に，夕食の準備をする人としてもっとも多く挙げられたのは，父親が場合が約40％から50％（上海，ロンドン，ニューヨーク），または子どもが夕食の準備をする場合が40％以上（ソウル）であるが，東京では，父親がする場合は16.0％，子どもがする場合は25.4％と少なく，母親の帰宅が遅くても，夕食の準備は母親がすると回答した子どもがもっとも多く，34.2％を占めている（同上：69，表37）。東京の子どもが家事を手伝うことが少ないという事実の背景には，自分の家庭のこうした日常生活における近隣との人間関係，家族関係，あるいは家族員としての役割意識や生活態度なども影響を及ぼす要因となっているとも考えられる。

b.　子どもとは何か

　母性神話に束縛されない個人としての感情を自由に表現することが許される時代的状況になってきている。しかし，その一方で，子育てに問題を抱える母親が顕在化してきたといわれる（小此木　1995：67）。育児放棄や子どもへの虐待など，子どもに対するさまざまな問題行動や問題意識についての課題

表2-13 「子どもとは何か」—親の回答—

(%)

	日本	韓国	タイ	アメリカ	イギリス	スウェーデン
子どもは家を継ぐものだ	13.2	55.6	85.0	82.5	82.4	65.0
	45.5	31.2	5.8	5.5	8.5	17.4
子どもは次の社会を担うものだ	79.8	91.3	78.3	77.9	82.1	80.8
	2.4	2.6	1.9	7.6	7.9	9.4
子どもはお金のかかる存在だ	38.5	34.4	27.1	89.6	95.0	81.6
	20.9	47.7	48.4	6.3	3.5	12.5
子どもは家族の稼ぎ手として役にたつ存在	5.3	9.0	43.5	6.3	6.8	6.1
	60.7	77.9	24.2	79.8	84.9	86.6
子どもは老後の経済的な支えになるものだ	5.3	14.2	61.9	10.1	6.9	5.0
	56.7	72.5	13.2	69.0	83.0	91.4
子どもは老後の精神的な支えになるものだ	68.8	70.9	92.7	68.0	64.8	80.4
	7.4	17.6	1.2	15.7	21.0	10.6

(出所)「国際家族年」文部省外部委嘱実施「家庭教育に関する国際比較調査」(1994年)に基づき作成.
(注) 上段:肯定回答,下段:否定回答。網掛けは注目される特徴。

もとりあげられるようになった。このような混乱する現況に,家事労働を専業とする,または専業に近い主婦には生活環境による規定のみでなく,従前からの主婦役割に対する自らの認識に規定されている部分が大きく（牟田 1997:53),家族を重視し,自らを拘束している（長津 1987:179）ともいわれる。子どもに対する親の意識も多様になってきており,親にとって「子どもとは何か」という子どもの位置づけによって,子どもへの期待や子どもに接する態度は左右される。

国際家族年に文部省（現文部科学省）の外部委嘱により実施された国際比較調査では,表2-13に示すように,日本の親は,韓国,タイ,アメリカ,イギリス,スウェーデンの親に比べて,「子どもは家を継ぐものだ」と考える者は13.2％と圧倒的に少なく（他国では55.6％-85.0％),そうではないと否定する者は45.5％を占めている（他国では5.5％-31.2％)。残りの40％の親は,子どもは家を継ぐものという考え方を肯定も否定もしてい

ない。また，タイ以外の国では，家族の稼ぎ手として，あるいは親の老後の経済的な支えとして子どもを位置づけている親は，5％から10％程度しかいない。しかし，経済的な依存を否定する親は，他の国が70％から90％になるのに対して，日本の親は60％前後と少なく，また残りの35％から40％の親は，子どもへの経済的依存を肯定も否定もしていない。これらから，日本の親は，他国の親に比べて，子どもは家を継ぐものと位置づける者は少ないが，自分たちの老後の経済的な支えにはならないと認識している者も少ないことが読み取れる。

　生活価値観の変化に伴い個々の生活者が独自な生活欲求の充足を目指すようになり，生活の個人化傾向が強まったといわれる（神原 1991：13）なか，個人としての充実感への志向性・多様性が高い母親ほど，子どもの社会化意識や母親としての分別力，愛情など含めた子どもに対する意識が低い傾向がみられる（小谷 2002 b：129-141）。

　表 2 - 14 は，「子どもに感情的に当たることがある」という母親の行動と，「子どもの存在を煩わしく思うことがある」という母親の意識の背景にある要因について示したものである。姑・小姑や，家族・夫婦の絆など家族関係がよい状態にある，あるいは何でも話せる友人が身近にいるといった人間関係が構築できていれば，問題行動や問題意識は少ない。逆に，家事の知識や技術を習得したい，自分の知識や能力を活かしていない，家事・育児に対する社会的評価が低い，といった個人的欲求が満たされない場合，あるいは，子どもの1日の様子を夫に詳しく報告することへの制約や，家事・育児からときには開放されたいといった家事・育児への拘束感を抱く場合には，問題行動や問題意識は多くなっている。

　しかし，子どもは愛情を注ぐ対象であると認識するほど，子どもに感情的に当たる度合は増すが，子どもの存在を煩わしく思う度合は減ることが読み取れる。一方，子どもの個性を尊重して接するほど，子どもに感情的に当たる度合は減る。子どもに愛情を注ぐこと，子どもの個性を尊重して接することは，いずれも子どもと直接的に向かい合う母親の主体的な姿勢である。子どもへの問題行動や問題意識の改善に向けて，子どもに愛情を注ぐこと，子どもの個性を尊重して接すること，およびその両者のバランスを保って，母

表2-14 子どもに対する問題行動・問題意識の背景要因

子どもへの問題行動・問題意識の背景にあるもの（独立変数）	問題行動 子どもに感情的にあたることがある R²=0.336 F検定*** 回帰係数β	問題行動 問題行動との相関 相関係数	問題意識 子ども存在を煩わしく思うことがある R²=0.292 F検定*** 回帰係数β	問題意識 問題意識との相関 相関係数
①家事の知識や技術を習得したい	*** 0.240	0.228	−0.037	−0.027
②子どもの個性を尊重して接している	*** −0.230	−0.288	−0.012	−0.192
③家族単位で親しく行き来している家族が近所にある	** 0.200	0.139	0.080	0.036
④子どもの存在を煩わしく思うことがある	* 0.181	0.320	−	1.000
⑤自分の知識や能力を活かしている	* −0.159	−0.264	0.010	−0.118
⑥姑・小姑との関係に問題がない	* −0.126	−0.105	−0.035	−0.124
⑦家事・育児から時には解放されたいと思う	** 0.205	0.325	* 0.175	0.315
⑧子どもは愛情をそそぐ対象であると思う	* 0.130	0.085	*** −0.234	−0.152
⑨家事の1日の出来事や様子を夫に詳しく報告している	−0.016	0.108	*** 0.270	0.163
⑩子どもに感情的にあたることがある	−	1.000	* 0.193	0.320
⑪家事や夫婦の絆を大切にしている	0.090	−0.047	* −0.182	−0.241
⑫家事や育児は社会からその価値を高く評価されていないと思う	0.045	0.110	−0.160	0.254
⑬日常的に知識や情報を交換しあえる「主婦のための組織」がほしい	0.050	0.125	* 0.150	0.096
⑭何でも話せる親しい友人が身近にいることは重要である	0.030	0.022	* −0.142	−0.157
⑮夫の休暇	−0.109	−0.155	−0.028	−0.114
⑯同居未子年齢	−0.087	−0.219	0.070	−0.089
⑰健康維持に気を遣っている	−0.088	−0.192	−0.056	−0.204
⑱家事能力を高めようと努力している	−0.089	−0.151	−0.032	−0.126
⑲社会貢献するのは当然だと思う	0.010	−0.056	−0.129	−0.183
⑳主婦が充実した生活を過ごせるよう、行政や地域でもっとサポートして欲しい	−0.109	0.011	0.010	0.000

R²＝調整済決定係数　***：p＜0.001　**：p＜0.01　*：p＜0.05

（出所）小谷良子「専業的主婦の資質・特性と家庭・地域・社会環境（第1報）──資質・特性とその形成環境」日本家政学会『日本家政学会誌』第53巻2号、表3（2002b）。

親が子どもと向き合っていく姿勢をもつとともに、良好な家族関係を構築することが重要であることを示唆している（小谷 同上）。

家事担当者、家庭経営の担当者として女性が家庭に縛られて自由になり得ない状況（宮本 1988：101-102）が依然として続いている現状において、**表2－15** は、家事に専従する、または家事の大半を担っている主婦の家事役割に対する自己認識や実践、家事労働の展開に影響を及ぼす要因となる家族関係や子どもに対する意識を示したものである。

家族全員がよく話し合ったり、困ったときには夫の助言や精神的な支えが得られる、あるいは母親自身の子どもに対する責任の自覚、子どもは社会全体の財産であると認識して子どもに接する態度、育児を通して自己成長しているという意識をもっていることは、家事労働に対する責任の持ち方や、向上意志、向上努力、および活用や自信につながっている。その反面、妻が社会と関わることに夫が理解を示すことは、家事労働に対する妻の責任が軽減される、あるいは子どもに対して感情的にならない養育姿勢をもつことは家事労働に対する向上意識が軽減するといった傾向がみられる。

家庭内の家族のコミュニケーションや夫のサポート、あるいは母親自身の主体的に子どもと向き合う態度や意識によって、家族員の再生産活動に基盤的で不可欠である家事労働が実践される。その一方で、妻が社会と関わることに夫が理解を示したり、母親自身が肩の力を抜いて子どもに対して感情的にならない養育姿勢をもつことによって、家事労働を活用した生活活動の展開が展望され、個人と家族の二重構造をもつ家庭生活において、大きくなってきたといわれる個人的側面への生活欲求を満たすことにつながると考えられる（小谷 2002g：969-980）。

c.　**家庭生活における家族の自立と共同・共生**

生活者としての価値観が多様化し個人的な価値観や欲求が強調される現代は、個人の私的な家庭生活においても、個人的側面と家族員としての集団的側面の二重生活のバランスをいかに調整するのかという課題が大きくなっている。男女平等が当然視されるなか、平等の概念は、差のある両者の中性化・均質化・あるいは、優位にあるものに基準化した上での平等性を指すも

表2-15 家事労働の規定要因となる家族関係・子どもに対する意識

独立変数項目		家事に対する5変数				
		自己認識		実践		展開
		責任観	向上意志	向上努力	活用	自信
調整済決定係数 R^2		$R^2=0.104$***	$R^2=0.082$***	$R^2=0.130$***	$R^2=0.190$***	$R^2=0.088$***
F-値 (df1, 2)		5.199(8,280)	5.264(6,282)	11.762(4,284)	8.210(8,280)	5.632(6,282)
独立変数		β	β	β	β	β
家族関係・子どもに対する意識	姑・小姑との関係は問題ない	0.088	0.094	—	−0.071	—
	家族全員がよくと話し合う	—	—	0.163**	0.155*	0.115 p<.08
	全般的にみて、夫に満足している	−0.085	—	—	—	—
	妻の社会との関わりを夫が理解する	−0.133*	0.072	0.068	0.146*	—
	困った時に夫の助言や精神的支えがある	0.199**	0.122*	—	—	0.078
	子どもが成人するまで親としての責任がある	0.175**	—	—	—	—
	子どもに感情的にあたることはない	—	−0.232***	—	0.212***	0.140*
	子どもの1日の出来事や様子を夫に報告する	—	—	—	−0.071	0.114 p<.06
	子どもの存在を煩わしく思うことはない	—	—	—	−0.073	−0.096
	子どもの個性を尊重して接している	0.146*	—	—	—	—
	子どもを育てることで自分自身が成長していると思う	0.163*	0.078	0.119 p<.07	0.100	0.138*
	子どもは社会全体の財産という意識をもつ	−0.113	0.089	0.210**	0.185**	—

β：回帰係数、***：p<0.001　**：p<0.01　*：p<0.05

(出所) 小谷良子「専業的主婦の資質・特性と家庭・地域・社会環境(第3報)——家事労働の自己認識・実践・成果」日本家政学会『日本家政学会誌』第53巻10号, pp. 969-980 (2002g)。

(注) 子どもの別居・同居を含めて子どものいる頃の主婦を対象とした (N=291)。同居する子どもがいる主婦には、現在の状況で、別居の場合は、同居していた頃の状況で、関係や意識について5分位で回答を求めた。なお、全対象者 (N=300) の内、子どもの人数は、0人3.0%、1人21.7%、2人55.0%、3人19.3%、4人0.7%、5人以上0.3%である。子どものいる者 (N=291) の内、同居子の人数は、0人16.5%、1人29.9%、2人42.6%、3人10.3%、4人以上0.7%である。

第2章　家庭・家族と生活経営　　101

のである（戸波・松井ほか 1995：7）。生命の維持・更新にかかわる家庭内の家族の生活活動において，男・女，老・若，健常者・障害者，といった家族員の生理的・生殖的差異，あるいは身体的な差異を当然な前提として対等の権利が容認される「共生」の概念にもとづいて，各家族員の生活活動や家庭内福祉への配慮がなされる必要がある。

　暮らしの維持・更新にかかわる家族の生活活動は，一般的には家庭経済の水準によって規定される。家庭経済は家計収入にかかわる賃金労働とアンペイド・ワークとしての家事労働や育児に分けられるが，価値観の多様化，就労形態の多様化にもかかわらず，前者は主として男性が担い，後者は主として女性が担っており，現在もなお，性別による役割分担が多くの家庭で依然としてみられる。こうした夫婦のライフスタイルは，互いの合意のもとに，個々の生活価値観が尊重されることが必要である。とりわけ，自立した個人としての女性が個人的欲求に基づいて職業活動や社会的参加などの社会進出を志す場合には，家族員として夫と対等の権利が容認されなければならない（共生の概念）。一方，家族集団としての側面から家族の暮らしを捉えるとき，家族員全員で快適で安心できる家族の暮らしを構築するという「共同」の認識のもとに，家族員の状況に応じて，各自が責任をもって何らかの家事労働を担い，家族員の共同による生活活動が実践されなければならない。

　家族員の人生の更新にかかわる生活活動において，一家団欒は，家族の絆や家族生活をより楽しく，豊かにする効果がある。家庭の行事などに，どのような立場で関わり，何を実践し，どのように自分の役割を全うできるのか，気配りをすることも必要である。さらに，自分の家族だけではなく，親戚，地域，所属する社会的団体や組織など，家族以外の人々と関わりを広げることで，さまざまな人間関係を形成し，そのネットワークは広がっていく。

　家庭内において，主体的な価値観に基づき責任を自覚して家族員として行動ができる個人の「自立」，家族員全員にとって快適で安全な暮らしを構築するための行動ができる「共同」，および家族員一人ひとりのさまざまな差異を当然な前提として容認して，相互に対等な行動ができる「共生」の認識を育成し，それらにもとづいてさまざまな生活場面に対応できる家族員としての主体形成がなされるなら，それは，家庭外においても，社会参加活動

に責任を自覚して主体的にかかわる地域・社会生活者として通じるものであり，同様に要請される主体要件である。

（1） 収入・貯蓄・投資・その他の有形資産などの物質的資源は増減するが，個人的能力・資質，許容の量と質，連携価値などの知的財産としての人的資源は増強される。
（2） さまざまな生活分野にも適用される人間性に合致した能力を一括した概念と定義している。
（3） 日本国憲法における平等の定義は，「差別を受けている者の処遇を，相対的に利益を受けている者のそれに引き上げること」とされる。

■引用・参考文献
青木茂『家庭経営学 上』柴田書店（1965）
Deacon, R. E. and Firebaugh, F. M., 2000, *Family Resource Management : Principles & Applications*, Allyn & Bacon, Inc., Ma. U.S.A.
藤田由紀子・濱本知寿香「家庭の経済生活」石川実編『家族・保育・福祉・経済』家政教育社（2002）
久武綾子ほか『家族データブック』有斐閣（1997）
一番ヶ瀬康子「家政学の社会的展開」『家政学』有斐閣（1969）
飯田哲也『家族と家庭 第三版』学文社（2003）
今井光映・堀田剛吉「家政経済の管理法」『家庭経営学 上』柴田書店（1965）
――――『家政経済学』朝倉書店（1973）
伊藤セツ・内藤美智子「家計」宮崎礼子・伊藤セツ編『家庭管理論 新版』有斐閣（1996）
神原文子『現代の結婚と夫婦関係』培風館（1991）
川崎末美「生活と空間」『現代社会と生活』建帛社（1997）
小谷良子「専業的主婦の資質・特性と家庭・地域・社会環境（第1報）――資質・特性とその形成環境」日本家政学会『日本家政学会誌』第53巻2号，129-141（2002 b）
――――「専業的主婦のライフスタイルと自立と共同の認識――男性・フルタイム就労主婦との比較分析」奈良女子大学人間文化研究科『人間文化研究科年報』第17号，341-356（2002 d）
――――「専業的主婦の資質・特性と家庭・地域・社会環境――生活者意識と家庭外活動の要因分析」『社会学論集』9，41-58（2002 f）
――――「専業的主婦の資質・特性と家庭・地域・社会環境（第3報）――家事

労働の自己認識・実践・成果」日本家政学会『日本家政学会誌』第 53 巻 10 号, 969-980（2002 g）
松平友子『家庭経済研究』中教出版（1966）
御船美智子「国民経済と生活経済」『現代社会と生活』建帛社（1998）
宮本みち子「生活財の消費と生活構造」『現代生活論』有斐閣（1988）
森岡清美「序章　ライフコース接近の意義」森岡清美・青井和夫編『現代日本人のライフコース』日本学術振興会（1993）
牟田和恵「ジェンダーと家族」『現代家族の社会学』有斐閣（1997）
長津美代子「社会参加と女性の地位」『現代女性の地位』勁草書房（1987）
────「生活と時間」長津美代子ほか著『現代社会と生活』建帛社（1997）
中道實・小谷良子「近隣自治システムの構築とその発展可能性──大都市近郊のニュータウン調査に基づく考察」『社会学論集』12 号, 奈良女子大学, 57-98（2005）
野田文子「安全な生活」野田文子編著『新しい小学校家庭科の研究』教育出版センター（1997）
野沢慎司「連帯的なネットワークと家族」森岡清志編『都市社会の人間関係』放送大学教育振興会（2000）
大石美佳「生活設計」石川實編『家族・保育・福祉・経済』家政教育社（2002）
岡村清子「生活と社会を考える」『現代社会と生活』建帛社（1997）
小此木啓吾『精神分析は語る』青土社（1995）
佐藤慶子「生活設計の必要性と内容」宮崎礼子・伊藤セツ『家庭管理論　新版』（1989）
清水新二編『共依存とアディクション　心理・家族・社会』培風館（2001）
鈴木敏子「家族・家族関係の現状と課題」宮崎玲子・伊藤セツ編『家庭観理論　新版』有斐閣（1996）
戸波江二・松井茂記・安念潤司・長谷部恭男『憲法（2）人権』有斐閣（1995）

■資　　料
チャイルド・リサーチ・ネット「第 4 回国際比較調査「家族の中の子どもたち」」『モノグラフ・小学生ナウ』Vol.14-4,（1994）
国民生活センター編『消費生活年報 2005』国民生活センター（2005）
NHK 世論調査部編『図説　日本人の生活時間 1990』日本放送出版協会（1992）
㈳日本下水道協会編「下水道処理人口普及率」（2007）
総務庁統計局編『日本の統計 1999』総務省統計局（1999）
総務省統計局統計調査部国勢統計課労働人口統計室「平成 8 年　社会生活基本調査報告（調査票 A）」（1996）

総務省統計局統計調査部国勢統計課労働人口統計室「平成13年 社会生活基本調査報告（調査票A）」(2001)

総務省統計研修所編『日本の統計 2006』総務省統計局（2006）

第3章 地域との関わりと生活経営

1 地域生活とガバナンス

(1) 地域・社会生活領域における生活組織と生活活動
a. 生活組織とネットワーク

わたしたちの生活の維持・更新のためにモノやサービスの生産に携わる社会領域と，人間の再生産に携わる家庭生活領域や地域における共同生活領域をそれぞれ関連づける結節システムとして，さまざまな生活組織や地域集団がある。あるいは，人びとの価値観の変化や生活の個人化が進行するなか，集団を離れて形成される関係，もしくは集団を形成しないような関係として，人びとが結び合うネットワークが取り上げられる。人びとの生活活動を捉えるには，そうしたネットワークに注目する重要性が認識されるようになった。即ち，人間関係という語に換えて，人びとが結ぶさまざまなネットワークを総称して，社会的ネットワークという言葉が使われるようになってきた（森岡 2000：24)。

伝統的・連帯的な親族ネットワークの規範から解放された都市部では，夫婦関係を機軸として世帯の必要に合わせてネットワークが形成される。世帯内の状況に合わせて自律的な夫婦の相互作用によって夫婦関係が形成される反面，分離的な夫婦関係を夫の職場ネットワークと妻の近隣ネットワークが構造的に外側から支えているとの指摘もある（野沢 2000：109)。特に，主婦

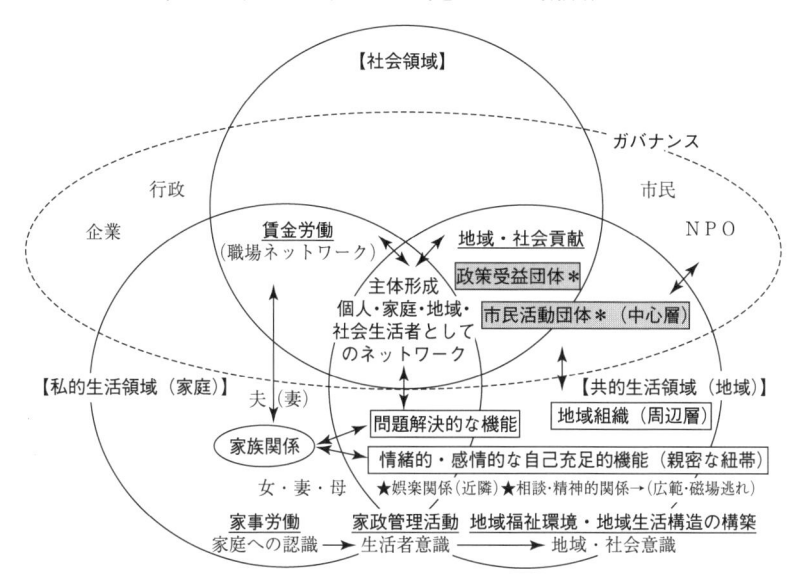

図3-1　家庭・地域・社会を関連づける生活領域モデル

（出所）小谷良子『専業的主婦の主体形成論——個人・家庭・地域生活者としての課題とその実証的研究』奈良女子大学博士論文，p.61，図3-1（2003b）。
（注）　□　は，パーソネルネットワークの5つの構成要素，この内，□＊は，ボランティア活動団体を示す。両矢印は，ネットワークの紐帯を示す。下線は，各領域における生活活動を示す。各活動参加度の高いアクティブな個人を「中心層」（市民活動団体に多い），また活動参加度の低い個人を周辺層（地域組織に多い）と提示する。

には生活運営上のニーズのみでなく，生活の社会化，多様化などのライフスタイルや価値観の変化により，家庭外に個々人のアイデンティティ形成のための生活展開を志向して，娯楽的，情緒的・感情的な自己充足的なネットワークを形成する者が増加している。上述のようにネットワーク活動を通して，個人的関心から地域的・社会的関心へと変化し，共通の生活問題解決的なネットワーク，近隣自治形成を展望するネットワークなどに発展する可能性も展望される。**図3-1**は，さまざまなネットワークの位置づけを概念図として整理したものである。

b. 家庭・地域・社会領域における生活活動

　図3-1に示すように，私的生活領域である家庭内では，家族関係を基盤として，家族員の相互支援による，いわゆる家庭内における自助により，家事・育児などの再生産活動が営まれている。同時に，生活必需物資の調達など，家庭内の家族員の自助では補えない生活活動として，家庭外において消費活動を行なう。あるいは，私的な関係にある人びととの間でモノやサービスの資源を交換する，いわゆる家庭外における互助による生活活動を営んでいる。また，生活上の問題解決的機能をもつネットワークや，情緒的・感情的な自己充足的をもつ親密な紐帯を結ぶなど，家族員のパーソナル・ネットワークにより，わたしたちの私的生活は支えられている。

　共的生活領域である地域内では，一般的に，家族の日常生活の生活必需物資の調達などの消費活動を行なうとともに，子どもの遊び場，保育園・幼稚園，あるいは小学校・中学校などの子どもの生活活動が行なわれる。また，地域生活者として，地域住民組織・市民活動団体などに所属したり，あるいは，地域におけるパーソナルネットワークを形成して，住縁で結ばれる人びととの共的支援により，地域のもつ資源を互酬する，いわゆる地域における共助による生活活動を営んでいる。

　社会領域では，家族の生産活動を支える家計を維持・更新するための生活活動として，賃金労働による生産活動を行なっている。賃金労働の場における職場ネットワークを形成したり，あるいは政策受益団体などに所属して労働環境を相互に支え合っている。また，社会の構成員として，税金や社会保険などの分担による責任を果たすとともに，生活保障という公的支援による資源再分配を享受し，いわゆる公助による生活活動を営んでいる。

　わたしたちは，個人各自や家族員のニーズに合わせて多様に重層した生活領域において，さまざまな生活活動を通して，数多くのパーソナル・ネットワークを形成し，さらに，それらを通して，ある共通の目標に向かう共同経験と結びついて，個人・家庭・地域・社会的なアイデンティティを形成していくとされる（倉沢 1998：16）。

（2） 地域・社会における自己形成空間の変化

　生活者としての自己形成は、さまざまな他者・自然・事物と関わりあうなかで徐々に形成されていくため、日常生活を通して相互に人びとが交流し合う自己形成のための意味ある地域・社会の空間は、自己形成空間ともよばれている（高橋 1992：8）。戦後の復興期から高度経済成長期、またはその後の経済成熟期・低成長期を通してみられる社会の変化に伴い、このような自己形成空間も大きく変わり、人びとの主体形成のあり方にも変化をもたらした。以下では、高度経済成長期の到来の1960年代以前、1960－1970年代の高度経済成長期時代、およびその後の1980年代前半以降の社会の変化と自己形成空間の変化について整理しておく。

　a.　1960年代以前

　子どもたちは、両親、近居の親戚、および近隣の大人たちに囲まれた「ムラ社会」の中で育った。また、都市部にもこうした地域共同体は存在していた。テレビの普及が少ない時代でもあり、子どもたちは、両親よりも地域のガキ大将集団や青年団のなかでしつけられ、基盤的な人間関係を形成するノウハウを身に付けていった。新しい知識や情報の大部分は、学校の教師を通して浸透していた時代である。

　b.　1960－1970年代（高度経済成長時代）

　高度経済成長の過程で、伝統的地域社会は弱体化ないし解体が進行していったといわれる。特に高度経済成長期の人口の急速な都市集中に伴う人々の空間移動の激化は、人々の集団に対する強い帰属感を薄める効果をもたらすようになった。人々は「イエ」や「ムラ」から空間的・物理的に切り離され、やがて内面世界においてもそれに十全には帰属しえなくなり、集団規範自体も揺らぎ始めた。一方、都市においても、さまざまな伝統や文化をもった多様な地方から移住してきた見知らぬ人びとが集住するようになり、集団の構造と規範の理解を通して人々の行動を説明することが困難になる事態が急速に進行したといわれる（森岡　前掲書：24）。

　地方においても、都市においても、本来の地域共同体が弱まり、自然環境

の悪化も進み,子どもの遊び場は縮小していった。また,テレビと少年週刊誌の普及も加わり,ガキ大将集団の衰退,子どもの遊び集団は同年齢化,小規模化した。それに代わって,地域子ども会,スカウト活動,スポーツ少年団など,大人が指導する青少年育成活動が増加していった。

一方で,高校・大学への進学率が上昇し受験競争は激化していった。それに伴い,親子にとって学校の存在が大きくなり,親は子供の教育に責任を感じるようになっていった。いわゆる教育ママの出現である。子どもの塾通いや稽古事の増加もみられるようになった。やがて,子どもが豊かな自然と地域の人に見守られながらゆっくり成長するパターンは徐々に消えていった。

c. 1980年代前半以降

子育て,塾・稽古事や学校の選択,就職の心配など,とりわけ母親にかかる責任と権限は増大し,同時に,地域や学校の権威と役割は低下していったといわれる。地域の人間関係の希薄化が進み,自然環境の悪化が深刻になっていくなか,子どもや若者の生活空間に,ラジカセ・ビデオ・ファミコン・ポケベル・インターネット・携帯電話といった,いわゆる「メディア空間」が出現した。このようなメディアは,学校・地域,ときには家庭をもしのぐ影響力をもつようになってきている。こうした状況から,現代は,社会教育を含めて,教育全体のあり方が問われるようになった(田中 2002:16-23)。

(3) 地域福祉
a. 生活福祉を担う主体

高度経済成長期には,とりわけ,労働と生活の場が分離している勤労者世帯を中心とした住民の集住地である都市部では,家庭生活中心の価値意識が高まり,コミュニティの解体(山崎 1999:14)や地域問題の激化も伴い,地域における家族や地域集団のさまざまな地域生活に関わる社会的サービス活動,あるいは共的サービス活動は,私的な生活活動の領域へと縮小していった。

さらに,1980年代には,行政は,財政悪化により地域生活に関わる社会的サービスや社会福祉に関する公的支援を縮小するとともに,福祉の個人化

と自己責任への転換を推し進めてきた（松村 2000：21）。本来，社会福祉のニーズは，非貨幣・非物質的な支援であり，それぞれの状況によって多様なきめ細かな対応が求められる。市場は，採算性が得られれば共的サービス領域への参加をするが，市場メカニズムや，市場への公的介入による補完や統制による対処的なものでは解決され難い。したがって，現実にはこの領域のサービスを担う主体が不在となっている（似田貝 1997：35-36）。

以上のような地域住民の共助による共的サービス活動，および行政の公助による社会福祉への公的支援の縮小がみられる状況から，福祉に関する独自の供給組織の不可欠性と，支援を求めている生活者個々人のそれぞれの具体的な地域を基盤とする生活空間のなかで福祉の支援が供給されることの必然性が指摘されるようになった。これらの課題を解決する主体として，あるいは，これらに適合的な担い手として地域集団・社会活動団体の組織論と結びつけられて，地域福祉の概念が形成された（似田貝 同上）。すなわち，地域集団・社会活動団体の再活発化が地域福祉を担う主体を形成するための課題として取り上げられるようになった（似田貝 1995：146）。今後は，「自分たちが居住する地域社会の福利増進を図るために，その共的サービスを担えるだけの共同主体としての意識や自覚が，果たして生活者には醸成されているのか」という視座から，地域生活者としての主体形成や，地域福祉，あるいは生活福祉のありかたを検討していくことが課題となっている。

b. 地域生活・福祉環境の構築

現実には，多くの男性やフルタイムで働く主婦は，日中は地域に不在である。全日制地域住民ともいわれる高齢者，子ども，専業主婦や準専業主婦のうち，地域生活環境の構築や福祉環境の構築の担い手として期待されるのは，このような主婦たちである。しかし，専業主婦や準専業主婦は，個人的に親密な関係にある者の間のみで，相互の相談・支援などの互助的行動が成立しており，日常生活の共的生活圏における匿名的な他者との共同関係の認識，および行動の実践としての共助には至っていない。また，これらの主婦の近隣における親密な関係は，地域・社会参画に対する主体要件の醸成に影響を及ぼす要因にはなり得ず，なかでも個人的な悩み相談をする親密な関係は，

地域における共同関係や共助の実践にはマイナス要因となる傾向さえみられる（小谷 2003c：235-250）。主に家庭を中心とした私的生活領域で生活展開をする専業的主婦は，文化的・社会的構造により積極的な地域・社会参加の場や機会を多くもたないできたことにも一因があろうと考えられる。

表3-1，および**図3-2**は，生活者自身が病気や有事のときにどのような人から実際に支援を受けているのか，あるいは，病気や有事のみならず高齢化に向けて，今後はどのような支援を受けたいと考えているのかという支援の実態と今後の福祉のあり方について，男性，フルタイム就労主婦，準専業主婦，専業主婦に分けて，属性別にそれぞれの意識を示したものである。

今後に希望する支援に対する4属性の平均相対度は，同居家族による「家庭支援」希望が90.3％，非同居親族や学校時代の友人など個人的なネットワークによる「個人支援」希望が63.6％となっており，個人的な地域対人的資源，非営利セクター，公的・専門セクターによる「地域支援」希望が54.7％，「職場支援」希望が5.3％である。しかし，現実には，4属性の平均相対度は，同居家族による「家庭支援」が93.3％，非同居親族による支援が74.4％となっており，家族員，あるいは非同居の親族によって支援が行なわれている割合は高くなっている（小谷 2002d：341-356）。

また，「地域支援」を希望する者は，準専業主婦（70.9％）や専業主婦（65.9％）に多くみられ，男性（42.5％）は相対的に少なくなっている。さらに，**図3-3**にみられるように，準専業主婦や専業主婦の地域支援希望は，個人的地域対人的資源（互助），非営利セクター（共助），公的・専門セクター（公助）とも全体の平均相対度を上回っており，地域に対する支援ニーズは高いといえる。これらの共感は共通の規範性を形成し，共同への意思の形成となり，個人的な地域対人的資源としての互助活動や非営利セクターの担い手としての共助活動の根拠となる1要素である。男性やフルタイム就労主婦に比べて準専業主婦や専業主婦は，福祉面での共同への下地を強く有していると考えられる。その一方で，男性は，地域における個人的な対人的資源，非営利セクター，公的・専門セクターのいずれに対しても希望する者は，女性に比べて少なく，同居家族による支援に偏っている傾向がある。すでに高齢社会に直面して，家族の看護・介護の負担は女性に圧倒的に多く，その担

表3-1 病気・有事、高齢化に向けた今後の支援希望組織（人）

属性 支援希望と実状	男性 N=259	フルタイム欽労主婦 N=58	準専業主婦 N=55	専業主婦 N=208	平均 N=580	LSD検定による有意差 （有意水準5％未満） 属性名は略記	分散分析統計量 (df: 3,581)		
							MS効果	MS誤差	F値
支援希望 個人支援希望	56.0%	70.7%	67.3%	70.2%	63.6%	フル・専業＞男性	0.924	0.228	4.048**
家庭支援希望	91.9%	87.9%	90.9%	88.9%	90.3%		0.046	0.088	0.527
地域支援希望	42.5%	53.4%	70.9%	65.9%	54.7%	準専業・専業＞男性	2.640	0.236	11.196***
職場支援希望	9.7%	8.6%	1.8%	0.0%	5.3%	専業＜フル・男性、準専業＜男性	0.402	0.049	8.225***
支援希望詳細 個人 非同居親族[1]	54.1%	69.0%	61.8%	68.8%	61.6%	フル・専業＞男性	0.951	0.233	4.075**
学生時代友人[2]	5.8%	10.3%	7.3%	6.3%	6.6%		0.034	0.061	0.559
地域 個人的[3]	9.7%	24.1%	25.5%	30.8%	20.2%	専業・準専業・フル＞男性	1.816	0.153	11.890***
非営利[4]	7.7%	12.1%	18.2%	16.3%	12.2%	準専業・専業＞男性	0.358	0.106	3.367*
公的専門[5]	35.5%	37.9%	52.7%	41.8%	39.7%	準専業＞男性	0.499	0.238	2.095
支援実状 家庭支援	95.4%	89.7%	92.7%	91.9%	93.3%		0.079	0.062	1.271
非同居親族支援	66.4%	75.9%	89.1%	80.0%	74.4%	準専業・専業＞男性	1.177	0.186	6.329***
家庭親族支援なし[6]	1.1%	1.7%	0.0%	1.4%	1.2%		0.004	0.012	0.300

＊：p＜0.05, ＊＊：p＜0.01, ＊＊＊：p＜0.001, 網かけ：有意に高い平均得点

（注）（1）非同居親族支援希望、（2）学生時代友人支援希望、（3）個人的地域対人的資源（近所/子ども・サークル関係者）支援希望、（4）非営利セクター支援希望、（5）公的・専門的セクター支援希望、（6）家庭・非同居親族支援なし。

第3章　地域との関わりと生活経営

図3-2 病気・有事における家族・親族支援の実状と今後の支援希望

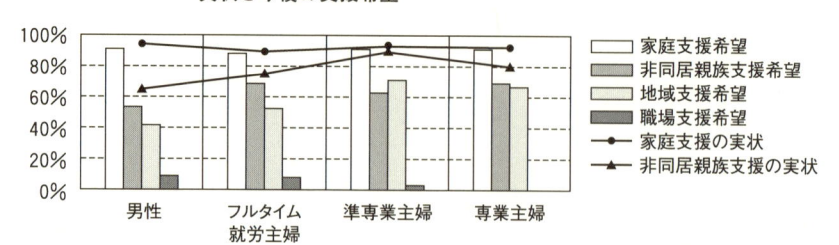

男性N=259，フルタイム就労主婦N=58，準専業主婦N=55，専業主婦N=208

（出所）（表3-1，図3-2）小谷良子「専業的主婦のライフスタイルと自立と共同の認識——男性・フルタイム就労主婦との比較分析」『人間文化研究科年報』第17号，表3，図2（2002d）。

図3-3 属性別にみた地域支援希望の内容別相対度（標準化）

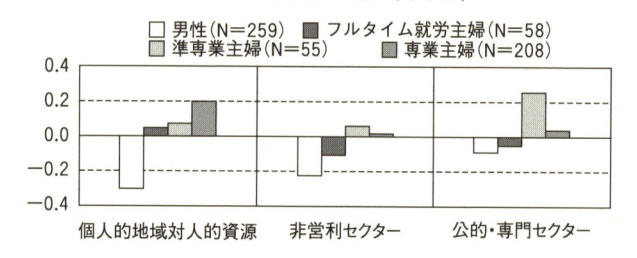

（出所）小谷良子「専業的主婦のライフスタイルと自立と共同の認識——男性・フルタイム就労主婦との比較分析」『人間文化研究科年報』第17号，表3，図2（2002d）。

い手として深刻な課題となっていることは既述した通りである。男性の意識変革がなければ，女性の看護・介護負担はさらに大きくなると危惧される。

　属性を異にするさまざまな諸主体間や主体を取り巻く環境には，さまざまな矛盾が露呈されている。社会がもつ種々の自己矛盾の克服，並びに個々人のアイデンティティの確立や生活の充実など，生活環境の構築に向けて，具体的個人の定立とその異質性や差異の容認，相互の対等性の容認と保障が前提となる。これは，多様な共生の解釈があるなか，特に福祉を含む人間社会

における共生概念に共通した理念として捉えられている[1]。

　少子・長寿化の高齢社会が進展するなか，家庭を構成する家族員の生活福祉は自助や公助に委ねるだけでは解決しない。家族員のための福祉サービスを消費・評価・要求するだけではなく，自らが共助・互助を通じて福祉サービスを供給する主体となる，いわゆる相互支援型の共的生活圏の形成，またはその参加は重要な意味をもつようになってきている。

（4）　ガバナンス
a.　現実の課題

　さまざまな生活課題に対応するには，行政の限界やその機構の膨張は市民の側の自由な選択を次第に不可能にし，結果として市民的自由の制限や市民の客体化を招いてきた（荒木 1990：17）といわれる。地方分権化が進むなか，こうした弊害をなくすためにも生活環境の構築や地域福祉環境の構築に，公共サービスの生産・供給主体として，生活者自身が市民意識や主体的な参加意識を成熟させ，その行為を実践することが求められる。

　すなわち，行政，企業，地域，家庭，生活者個人（市民，NPOなどの組織構成員）がそれぞれ適合的な役目を担い，相互の信頼と連携によって進められるガバナンス（共治）が求められている。

　そのためには，ガバナンスに対応できる主体形成が求められるが，とりわけ地域などの共的生活圏における共同主体として期待される準専業主婦や専業主婦には，次のような主体形成上の阻害要因が挙げられる。1番目に，家事・育児・家計管理など家庭内の責任を全面的に自ら負っており，女性自身の性役割への固定観念は依然として強い。また，パートタイムなどの賃金労働を選択する主婦も増加したが，多くは家計を補助するためである（小谷 2002f：41-58）。2番目に，女性個人として男性と同様の基準で賃金労働に携わるとき，妻・母として，または家族員としての家族への世話や気配りは，その質・量ともに期待を果たす可能性が激減する。あるいは，社会参加をしてみても，妻・母としての役割は軽減するわけではなく，最終的には自ら家庭内に戻る（今村 1980：143-172）という現実も指摘されている。3番目に，子どもからの依存度が低下した専業主婦は趣味や学習グループへの参加とい

った活動に個人的な新たな生きがいを求める傾向があり，個々人の自律・自由を私生活領域に求める傾向が強い（小谷 2002 f：41-58），などの家庭内の家族生活と個人的充足志向に偏る傾向がみられる。準専業主婦や専業主婦は，地域生活者，あるいは社会の一員としての共同規範の形成や市民意識規範の形成などは未熟であり，共同や共生にかかわる主体形成のあり方に課題がみられる（小谷 2004：465-477）。

b. 自立と共同・共生，および相互扶助の相互作用

共同は，「共通利害の認識等の共同規範の形成→合意に基づく役割意識の自覚→一員意識の自覚に基づく協働の認識」，共生は，「権利・責任の認識などの市民意識規範の形成→多様な具体的個人の対等性の容認に基づく協調→社会参加の正当性を確立」の道筋をたどる（中道 1991：16-36）と解釈される（詳細は，第1章1（3）c.を参照）。つまり，共同は共同規範などの参加行動規範に裏付けられた特定の生活課題を共有する共同関係の構築と捉えられ，直接の参加行動が規定される。これに対して，共生は市民価値規範などの参加価値規範に裏付けられた普遍的な生活課題を目標とする共同関係の構築と捉えられるが，理念としての態度レベルに留まる可能性が多いことも指摘される（中道 同上）。準専業主婦や専業主婦が自発的・積極的な地域・社会参画による福祉環境の構築に向かう方途として，「共同規範⇄市民価値規範」の双方向の連関，ないしは，その接合が有効であろう。

その前提となる生活者の自立に向けて，①個人と家庭内の家族による自助，②友人・近隣など個人のインフォーマルな資源交換による互助，③近隣・コミュニティ・地域・社会に共存する匿名の人々との資源互酬による共助，及び④公的機関，あるいは社会制度に依拠する資源再分配による公助などに適宜支援を求めることも生活者の自己責任（個の確立や家族機能の遂行に対応する自助は自己責任に包含される）である。同時に，互助のみならず共助による社会的サービス提供などを含めて，共同・共生を実践するのための自立した主体の形成が重要となり，主体の発達段階に応じた課題の検討が求められる。

これらの福祉環境の構築にかかわる相互扶助と自立と共同・共生の相互関

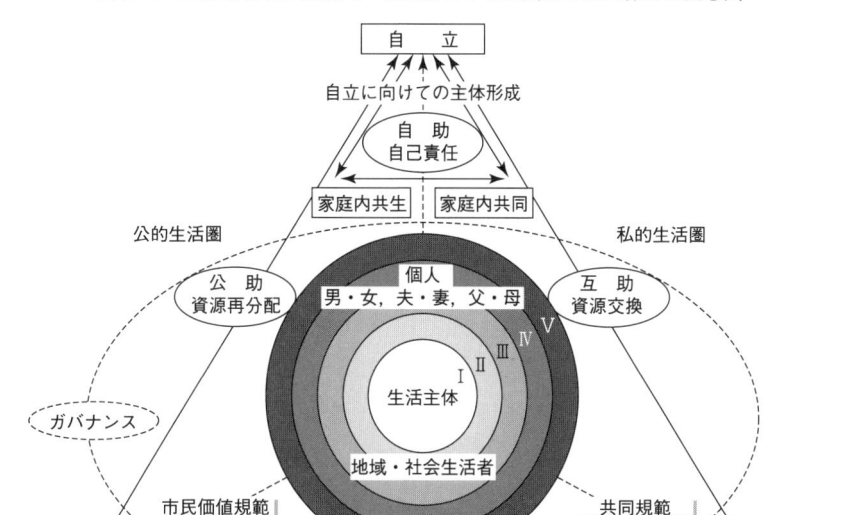

図 3 - 4　生活者の自立と共同・共生および相互扶助の相互作用の概念図

(出所)　小谷良子「専業的主婦のライフスタイルと自立と共同の認識——男性・フルタイム就労主婦との比較分析」『人間文化研究科年報』第17号，表1（2002d），同『専業的主婦の主体形成論——個人・家庭・地域生活者としての課題とその実証的研究』奈良女子大学博士論文，図1-2，図3-1（2003b），および中道實・小谷良子「近隣自治システムの構築とその発展可能性——大都市近郊のニュータウン調査に基づく考察」『社会学論集』第12号，図2・参考表（2005）を参考にして作成。
(注)　図中の生活主体のⅠ-Ⅴについて，Ⅰ：基本的な暮らし向き，Ⅱ：安心・安全な暮らし向き，Ⅲ：充足した関係，Ⅳ：セルフエスティーム，Ⅴ：自己成長努力を示す（詳細は，第1章1（3）を参照）。

連，およびガバナンスの概念について整理して，図 3 - 4 に提示しておく。

2　地域活動とエンパワーメント

(1)　社会参加の概念

家庭外で実践される地域活動などに参加することは，一般的に，社会参加

といわれる。しかし，社会参加の概念は一定しておらず，具体的な活動項目は，種々の調査によって異なっているのが現状である。長津は，社会参加を「職業活動以外の社会的活動に参加すること」と捉え，「職業活動以外の社会的実践活動を行なうことであり，その活動が自己や家族・親族を超えて，他者の利益や幸福，地域や全体社会の向上・発展に向けられることを特徴とする」と定義している（長津 1987：156）。しかし，女性の参加率のもっとも高いものは，趣味・娯楽・スポーツに関する団体・グループ（28.7％）であり，ボランティア活動やコミュニティ活動の団体・グループ（8.7％），生涯学習に関する団体・グループ（8.1％）の参加率は低い。将来参加したい団体・グループ活動も，趣味・娯楽・スポーツに関する団体・グループ（57.8％）がもっとも参加意向が高いという調査結果（加藤 1999：163-164）もある。また，社会教育機関が主催する学級・講座，各種学校での趣味的な学習，趣味やスポーツなどのサークル活動は，個人的な享受であり，社会的実践ではなく，この社会活動の定義から判断すると，社会参加の概念には含まれないことになる。これらの諸活動は，「自分の内面を充実させることからさらに一歩出て，社会活動や職業活動につなげていく芽生え，ないしは潜在的な可能性を秘めているものとして捉えることができ，社会活動や職業活動への第一歩，あるいは準備態勢（長津 1987：159）」の意味をもっている。

　文部省（現文部科学省）によると，社会参加を「それ自体行為であり，社会的実践である」と位置づけ，①ボランティア活動，②集団活動，③社会運動の3つの形態に分類している（二関 1980：1-7）。①ボランティア活動（物質的利益を伴わない自発的な奉仕活動）は，他者の人権の保障や幸福に対して支えを提供し，奉仕の対象別に多様な奉仕活動がある。②集団活動（目的を同じくする人々の自由な結社・集団による，目的達成のための活動）は，互に対等な立場で結合した人々が相互に影響しあう。これには，地域活動や，自主的に形成された各種グループの活動がある。③社会運動（集団のエネルギーが地域一般住民，企業，地方自治体，国家などに向けられる集団活動）は，社会の様々な側面に影響を及ぼし，社会の改善や変革をもたらす原動力の1つになる。これには，政治運動，労働運動，婦人運動，消費者運動などが含まれる。さらに上記の3形態に加えて，政治・行政への参加（選挙権・

被選挙権の行使や各種審議会・委員会への進出など）がある（長津　前掲書：158)。

　ボランティア活動は独りでも実践可能であり，集団活動・社会運動は，少数集まれば活動が開始できる社会活動の側面を有すのに対して，他方の政治・行政への参加は制度に規制される側面が強い。また，介護や家事補助などの福祉サービスには，当事者のニーズに基づいた質的なきめ細かい対応が必要であり，生活者自身が生活の社会化に対応した社会・地域生活構造の構築主体として，自発的に共的サービスを担う有償ボランティア活動が増加してきた。社会福祉協議会や生活協同組合なども含めて，これらの非営利活動への参入が多くみられるようになってきた。この動向を受けて，1998年には特定非営利活動促進法（NPO法）が制定された。筆者は，上記の諸活動・運動・参加に，NPO活動等への参加を加えておく。これらから，図3－5に示すように，本書では，社会参加を，「職業活動以外の社会性を帯びた地域・社会の向上・発展に向けられる社会的実践活動，NPO活動など，ないしは政治・行政への参加を含めた『地域・社会資源形成的活動』と，地域・社会資源形成的活動に繋がる潜在的な可能性をもつ個人的な充足欲求に基づく家庭外での『個人的充足活動』」と定義しておく。

　なお，少子高齢化により，高齢者介護の負担に苦しむ中高年女性の存在の増加の一方で，家族の中に要介護者がおらず，時間や生活に余裕がある比較的高学歴の都市専業主婦層のアイデンティティの行き場が，仕事や家族に求められないケースが多くなってきたこともあげられる。低成長期に入り近代家族が揺らいできたときに，もともと近代産業社会から排除されてきた高齢者や中高年女性に，上記のような二極分解の課題が生じてきた。これらに対応する現代家族政策として，介護負担と個人的・地域的・社会的アイデンティティを補償しようとするものである。1975年に国連が定めた「国際婦人年」以降，職業活動だけではなく，専業主婦を前提にした「コミュニティ活動」「生涯学習」「健康・スポーツ活動」などの社会活動に重点を置いた社会参加が推奨され，専業主婦のアイデンティティ充足を目指した社会活動の育成や援助などの施策が多くなされるようになった（山田　1997：55-56）。また個人的・家族的なアイデンティティの充足のみで，新しい家族のあり方が創

図3-5 社会参加の分類

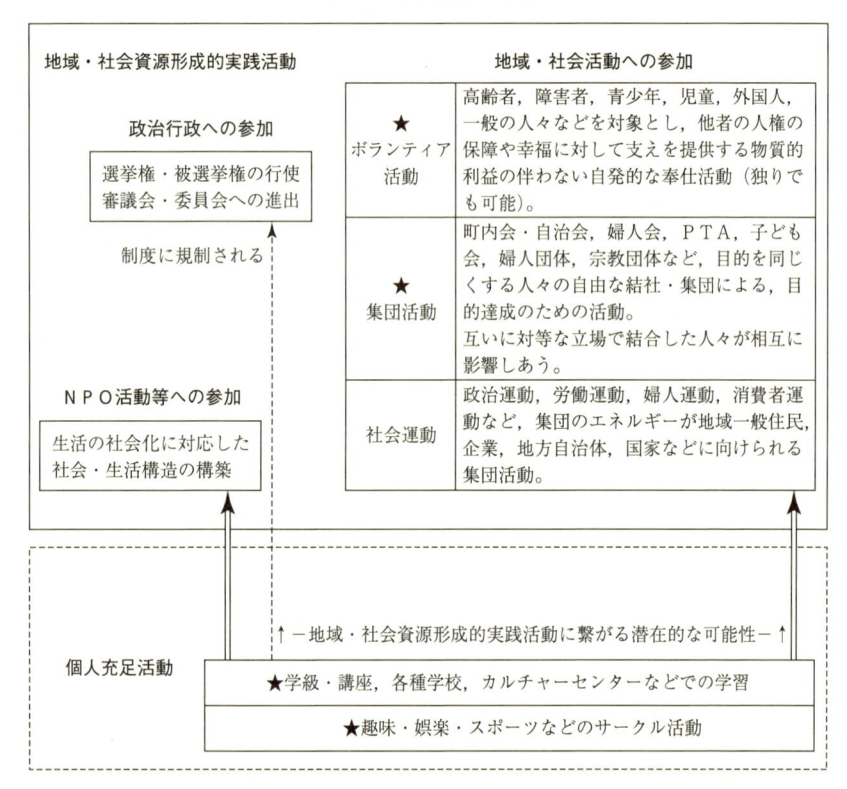

地域・社会資源形成的実践活動	地域・社会活動への参加	
政治行政への参加 選挙権・被選挙権の行使 審議会・委員会への進出 ↑ 制度に規制される	★ ボランティア 活動	高齢者，障害者，青少年，児童，外国人，一般の人々などを対象とし，他者の人権の保障や幸福に対して支えを提供する物質的利益の伴わない自発的な奉仕活動（独りでも可能）。
NPO活動等への参加 生活の社会化に対応した 社会・生活構造の構築	★ 集団活動	町内会・自治会，婦人会，ＰＴＡ，子ども会，婦人団体，宗教団体など，目的を同じくする人々の自由な結社・集団による，目的達成のための活動。 互いに対等な立場で結合した人々が相互に影響しあう。
	社会運動	政治運動，労働運動，婦人運動，消費者運動など，集団のエネルギーが地域一般住民，企業，地方自治体，国家などに向けられる集団活動。

↑ －地域・社会資源形成的実践活動に繋がる潜在的な可能性－ ↑

個人充足活動
★学級・講座，各種学校，カルチャーセンターなどでの学習
★趣味・娯楽・スポーツなどのサークル活動

（★） 公的機関が，専業主婦のアイデンティティ充足に向けた対応施策として，従来重点的に推奨している社会活動領域（下記を参照）。
（出所） 小谷良子『専業的主婦の主体形成論──個人・家庭・地域生活者としての課題とその実証的研究』奈良女子大学博士論文（2003b）［長津美代子「社会参加と女性の地位」袖井孝子編著『現代女性の地位』建帛社，p.160，図6-1（1987）を基底にして一部追加，加筆した］。

出されるのではないという時代的状況や課題もあり，生活者としての日常生活に関わるニーズは充足されるのかといった課題も提起されよう。現実には，社会参加を奨励する施策にも関わらず，社会参加をする準専業主婦や専業主婦は多いとはいえない。

（2） 生活世界と地域活動
a． 生活世界の危機的状況と復権

　資本主義社会の発展により，高度経済成長期を通して，生産第一主義，市場資本経済のグローバル化が進み，市場と国家の領域は，ますます拡大し，生活世界の領域にまで浸透した。その結果，文化・社会・パーソナリティなどによって成り立つ生活世界では，次のような危機的状況が表出したといわれる。第1に，高度大衆消費社会・物質主義の実現などによる生活の社会化，個人化，家庭・地域生活の希薄化などが挙げられる。第2に，利潤第一主義とする目的合理性に伴う必然的結果として，貧困問題，南北問題，人口問題，食糧問題，環境問題，リストラ・失業などに代表されるさまざまな社会的矛盾が噴出したことが挙げられる。第3に，非情・非倫理的・非人間的な市場資本主義経営の結果，不登校，家庭内暴力，校内暴力，いじめなどの倫理性や他者への配慮の欠如による生活課題が噴出してきたことがあげられる（佐藤 2002：1-2）。

　本来それぞれの領域の基本的な価値は異なっている。市場は貨幣をメディアとする生産世界の領域であり，国家は公権力をメディアとする公的資金再分配の領域である。これに対して生活世界は，言語シンボルをメディアとする人間関係の形成によって成り立つ人間の再生産活動の領域である。市場と国家の浸透により，生活世界では，コミュニケーションを媒介する人間関係が重要な意味をもつにもかかわらず，文化的側面では意味の喪失が生まれ，社会的側面ではアノミー現象（内面化された生活規範や生活ルールの衰退・喪失）が生まれ，パーソナリティの側面では精神病理が起りやすくなるといわれる。

　人間社会において，人びとが幸せに生きることは基本的価値である。こうした生活世界の危機的状況から生活世界を復権させるためには，主体的・自発的なアソシエーショナルな社会参加活動による可能性が展望される（佐藤同上：143-145）。さらに，地方分権化が推し進められるなか，生活者の客体化を招く拡大化した市場と国家に主導されるシステムに依存することなく，生活者が主体となる近隣における住民自治システムの構築などによる生活世界の復権の可能性が展望される（中道・小谷 2005：57-98）。

b. 経済社会システムにおける地域活動の位置づけ

　1960年代以降の高度経済成長により引き起こされた上述のような大衆社会化の進展による人間疎外状況への対応策として，地域における総合的な課題の解決と人間性回復の生活基点，精神的・情緒的安定の場としての親睦交流を担うコミュニティ政策が展開された。また，産業優先による経済政策により引き起こされた生活関連社会資本投資の立ち遅れ，生活環境の破壊，あるいは都市への人口集中・共同住宅への集住・核家族化と家族機能の縮小などの変動社会における住民の生活適応の困難化などの対応策として，まちづくり，福祉，防災といった個別の課題に対するコミュニティ政策が展開されてきた（中道 1997：18-21）。そして，今日のコミュニティ政策は，住民のゆきすぎた行政依存に伴う処理システムの限界への打破，住民主体的処理の拡大の保障，空洞化した住民自治の活性化を促すことを急務とし（森岡 2002：103)，前述のコミュニティ政策を合わせた「包括的な」自治的コミュニティの形成支援という新たな時期を迎えている。これらの認識のもとに，主体的な住民自治活動を中核に据えた住民サイドと行政サイドとの参加・協働システムが多くの地域や自治体において展開されつつある。

　このようなシステムの構築の原則は，「地域の主体的な選択」と「多様な仕組みの尊重」であり，図3-6に示すように，コミュニティ・セクターや共的セクターに含まれるさまざまな地域集団・組織や社会活動団体による地域活動が含まれる。これらの活動に共通する目的は，シビル・ミニマムの保障という日常生活上の問題の共同解決・処理であり，その適合的な方法は，公的サービスの供給による公助や市場サービスの購入による自助ではなく，当事者性の意識を伴った住民の共助による地域活動にある。このような住民の共助による解決・処理は，居住町内の住民自治組織としての地縁組織によるもの，個別的な活動目標に依拠するアソシエーション群によるもの，および住民個々人や家族が有するパーソナル・ネットワークによるものに大別される（中道・小谷 前掲書：57-98）。

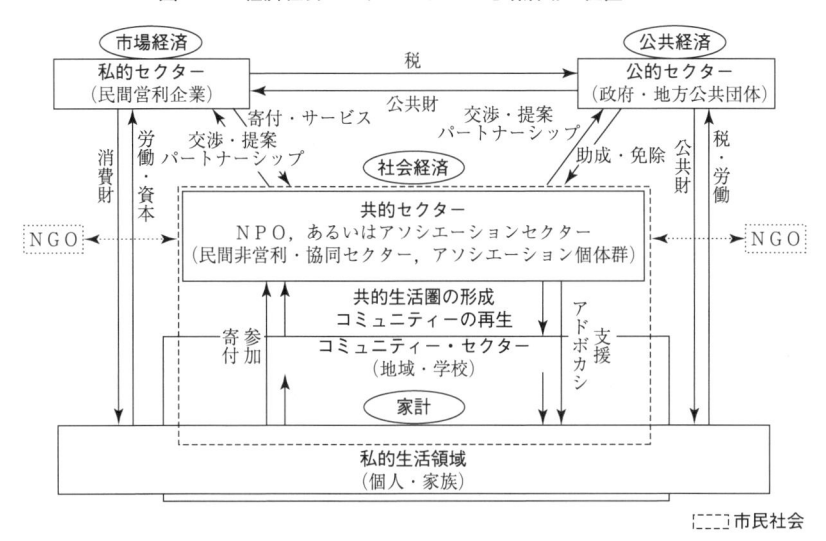

図3-6 経済社会システムにおける地域活動の位置づけ

(出所) 佐藤慶幸『NPOと市民社会』有斐閣, p.5, 図表1 (2002) を参考にして作成。

c. 共的セクターの特徴

　住民の共助による地域活動が実践される共的セクターは，生活者である住民が主体となった多様なアソシエーション個体群によって形成される市民社会であることがその特徴としてあげられる。

　アソシエーションについて，佐藤（前掲書：155）は，「人々が自由・対等な立場で，かつ自由意思に基づいてボランタリー（自発的）に，ある共通目的のために結びあう非営利・非政府の民主的な協同のネットワーク型集団」と定義している。したがって，市民社会とは，言語を媒介にして相互理解を目指す人間関係の形成で成り立つ文化的・社会的再生産が行なわれる生活世界の領域であり，経済階層概念から解放された，自由で自立した市民と市民の形成するNPO，NGO，ボランティア団体，各種社会運動体などのアソシエーション個体群で構成される。言い換えれば，コミュニケーション的行為により，人間関係を豊かにし，個々人のアイデンティティの形成・社会化・個性化と共に，個人の自立と個人間の連帯を可能にする社会であり，多種多

様な個人やアソシエーション個体群が自分の考えや意見を言説と行為を通して自己表出する公開的な社会空間（市民的公共圏）の集合体である（佐藤 前掲書：144-145）。

d. アソシエーショナルな活動の分類と社会的意義

まず，さまざまな活動をするアソシエーションは，図3-7に示すように，活動の目的が自己本位であるか，他者本位であるか，あるいは，活動自体が手段的行為であるか，表出的行為であるか，によって4つのタイプに分類される（佐藤 前掲書：157-158）。

このようなアソシエーショナルな活動団体による活動の意義として，次のような7点が挙げられている（佐藤 1994：54）ので，提示しておく。①経済・政治・社会・文化の領域における活動のみならず，国家や市場が作り出す社会的問題，あるいは対応できない社会的問題に対応する可能性をもつ。②支援・運動型アソシエーションは，社会変革とイノベーションの前衛となって，行政に制度改革を要求し，その実現への布石となる可能性をもつ。③消費者の生活視座に依拠した活動は，市場に改革を要求し，その改善を実現させる可能性をもつ。④個人と社会とを媒介し，個人の自立と連帯の統合に役立つ。⑤産業化，都市化，官僚制化の進行に伴って生じるアノミー状況，個の孤立化と疎外傾向の阻止，または，個人の健全な精神状態，満足度・幸福感，充足感などを高める可能性をもつ。⑥ボランティア活動や社会参加を

図3-7 アソシエーションの分類

手段的行為	自己本位		表出的行為
	1．共助・自助型 さまざまな自助グループの活動 労働組合，共済組合，協同組合，経営者団体，職業団体，学会や研究会	2．自己充足型 さまざまなサークルやグループの活動 文学・演劇・音楽などの文化サークル，社交サークル，スポーツ・レジャー，趣味・娯楽サークル	
	3．支援・運動型 生活支援ボランティア活動・各種運動 災害，介護，保険・医療，出産・育児，学習支援，環境保護，人権擁護，性差別・人権差別反対運動	4．慈善型 対人支援奉仕型ボランタリー行為 主として宗教的信念に基づく教会・寺社などの活動，生活困窮者などの支援活動	
	他者本位		

（出所）　佐藤慶幸『NPOと市民社会』有斐閣，p.158，図表8（2002）を参考にして作成。

する機会を提供し，個人の自己実現への契機となる。⑦市民社会を発展させ，国家や市場を相対化し，民主的な社会と多様な文化を維持・発展させる。

（3）　地域の活性化と自立した個人のエンパワーメント
a.　所属する地域集団・社会活動団体と活動規範意識

　実際の地域の現場では，人びとはどのような理由や動機などの活動規範意識によって，どのような地域集団・社会活動団体に所属して地域活動を行なっているのだろうかという視点から把握しておきたい。表 3 - 2 は，地域生活環境の構築や福祉環境の構築の担い手として期待される準専業主婦，および専業主婦が所属する地域集団・社会活動団体と，所属理由，あるいは社会活動の動機との関連性を示したものである(3)（小谷 2004：465-477）。

　分析に先立って，これらの主婦が所属する地域集団・社会活動団体を数量化理論Ⅲ類によって分類した結果，BからDの 3 つのパターンが抽出された（主な団体を例示し，（　）内に該当者の相対度を示す。なお，Aは，内的基準や外的基準に規定されない団体非所属者（12.6％）であるためここでは対象外にする）。Bは，共同的な外的基準に規定されるPTA（31.0％），子ども会（11.5％）など，Cは，共同的な外的基準にも，自己回復的な内的基準にも規定されない町内会（60.1％），消費者団体・生協（28.7％），および，順次自己回復的な内的基準の規定が大きくなる趣味・娯楽団体（30.8％），スポーツ団体（9.9％），教会・寺社・宗教団体（7.3％）など，Dは，さらに自己回復的な内的基準の規定が大きくなり，団体所属への意志の規定もやや高くなるボランティア団体（4.2％），社会福祉協議会（2.6％）などの 3 パターンに分類された（表中の列タイトルに表示）。

　同様に，地域集団・社会活動団体への所属理由，あるいは社会活動の動機から，活動規範意識としてⅠからⅣの 4 つのパターンが抽出された（図 3 - 8）。Ⅰは，特定地域の範囲に規定されない普遍的な「生活領域に特定されない自己充足志向」。Ⅱは，日常の生活場面などの「生活領域に特定される自己充足志向」。Ⅲは，居住地域における個人ないしは共同の緩い充足性を示す「緩いコミュニティ意識規範」。Ⅳは，特定地域の範囲に規定されない個人，または共同の緩い充足性を示す「普遍的社会向上意識規範」，の社会活

表 3-2 準専業主婦・専業主婦が所属する地域集団と社会活動団体と活動規範意識

活動規範意識	社会活動理由 \ 地域集団・団体	A. 外的基準（共的充足性）		B. 外的基準 → 強い内的基準			C. 内的基準（自己充足性）			D. 強い内的基準 強い所属意志
		強い外的基準 子ども会 N=40	PTA N=106	外的・内的 町内会 N=170	外的・内的基準なし 消費者団体・生協 N=94	趣味・娯楽団体 N=103	内的基準 スポーツ団体 N=37	強い内的基準 教会・寺社・宗教団体 N=25	社協・ボランティア団体 N=28
	有効回答者数	N=40	N=106	N=170	N=94	N=103	N=37	N=25	N=28
I	自己向上させる	17.5%	12.3%*(-)	19.4%	16.0%	26.2%*	40.5%**	24.0%	39.3%*
	共生支援実感	10.0%	10.4%△(-)	14.1%	11.7%	19.4%△	27.0%	20.0%	42.9%***
	人に喜ばれる	10.0%	10.4%	12.4%	13.8%	16.5%	13.5%	28.0%	39.3%***
II	やり甲斐がある	45.0%	39.6%	39.4%	38.3%	50.5%***	56.8%*	44.0%	71.4%***
	出会いの楽しさ	40.0%*	23.6%	24.7%	26.6%	36.9%**	45.9%**	24.0%	50.0%***
	自分を活かす	15.0%	10.4%	15.3%	10.6%	20.4%*	21.6%	16.0%	32.1%
III	地域向上	37.5%	45.3%	50.0%***	42.6%	43.7%	45.9%	44.3%	39.3%
	依頼・持ち回り	47.5%△	42.5%△	48.2%***	41.5%	35.0%	37.8%	24.0%	28.6%
	相互扶助になる	30.0%	28.3%△	22.9%	19.1%	18.4%	10.8%△(-)	20.0%	21.4%
IV	広義な社会向上	20.0%	20.8%*(-)	28.8%	27.7%	28.2%	21.6%	28.0%	25.0%
	弱者支援	20.0%	15.1%	16.5%	19.1%	18.4%	21.6%	32.0%△	46.4%***

イェーツのχ²検定結果 (N=273)   ***：p<0.001、**：p<0.01、*：p<0.05、△：0.05<p<0.09

(出所) 小谷良子「専業的主婦の社会活動と所属地域集団・社会活動団体にみる自立と共同の方向性——大都市近郊のニュータウン調査にみられる傾向」日本家政学会誌 第55巻6号, pp.465-477, 表3 (2004)。
(注) (-) 負の関連。
(1) 社会福祉協議会を示す。 I：生活領域に特定されない自己充足志向、II：生活領域に特定される自己充足志向、III：生活領域に特定されない自己充足志向、IV：普遍的社会向上意識規範。
ニティ意識規範、IV：普遍的社会向上意識規範。

図3-8 数量化理論Ⅲ類による準専業主婦・専業主婦の活動規範意識のプロット図

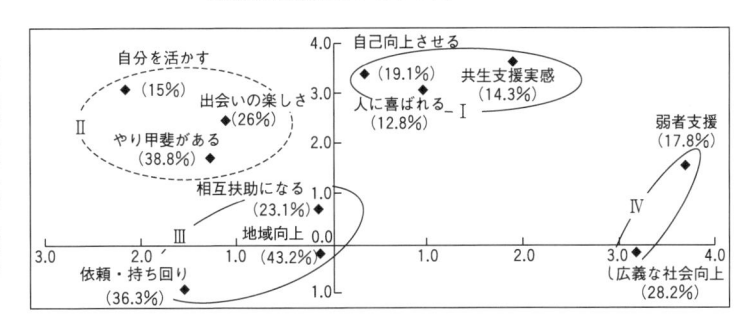

(縦軸：←(共的)【充足性】(個人的)→　横軸：←日常生活場面・地域←【生活領域の範域性】→地域を超えた普遍的社会→)

Ⅱ：自分を活かす(15%)、出会いの楽しさ(26%)、やり甲斐がある(38.8%)
Ⅰ：自己向上させる(19.1%)、共生支援実感(14.3%)、人に喜ばれる(12.8%)
Ⅲ：相互扶助になる(23.1%)、地域向上(43.2%)、依頼・持ち回り(36.3%)
Ⅳ：弱者支援(17.8%)、広義な社会向上(28.2%)

(出所)　小谷良子　同上：465-477，図1に依拠して作成。
(注)　図中の( )は、所属者の相対度を表わす。解1を縦軸，解2を横軸に配置し、距離の近い変数に囲みを提示。

動に対する準専業主婦，および専業主婦の4つの活動規範意識が導かれた（表中の行タイトルに表示）。

　以上から，地縁組織としての町内会，PTA，子ども会には，総じて「緩いコミュニティ意識規範」に依拠して所属しているが，そこには内的基準による自己充足志向の規範意識との関連はみられず，地縁組織からの生活者の精神的乖離が推察される。また，生活運営に直結する消費者団体・生協への所属者は一定量あるにもかかわらず，いずれの規範意識との関連はみられない。趣味・娯楽団体やスポーツ団体への所属者は，内的基準による自己充足志向のみに規定され，「緩いコミュニティ意識規範」，「普遍的社会向上意識規範」の規定を受けない。これらに対し，社会福祉協議会やボランティア活動団体への所属者は，全体の5％に満たないが，強い内的基準や強い所属意志により，居住地域においても，あるいは特定地域の範域に限定されることなく，「普遍的社会向上意識規範」に依拠した活動をしている。これらから，地縁的組織と社会福祉協議会やボランティア活動団体を除く，任意の地域集団・社会活動団体に所属する準専業主婦，および専業主婦は，地域生活者としての共的生活圏の向上や福利増進に参画するなどの共同主体としての規範

意識を醸成させていないと判断される。

b. 地域活動による個人のエンパワーメント

表 3-3 は，上記に引き続き，準専業主婦，および専業主婦が所属する地域集団・社会活動団体において実践する活動内容とその参加頻度との関連性を示したものである。社会活動への参加頻度は，「よく参加する」に 5 点を付与し，順次（ある程度参加する，余り参加しない，ほとんど参加しない）減点し，そんな活動はない・知らないを 1 点とする 5 段階評価をした。全体的にもっとも参加頻度が高い「ゴミ問題取組み」でさえ，その平均得点は 3.01 と低く，現実には活動が乏しいことが分かる。

地域集団・社会活動団体の特徴的な関連をみると，「町内会」は，施設整備話合・作業，「ＰＴＡ」は，地域行事世話，教育・文化・スポーツ振興，「子ども会」は，地域行事世話，「消費者団体・生協」は，ゴミ問題取組み，「趣味・娯楽団体」と「スポーツ団体」は，教育・文化・スポーツ振興，「社会福祉協議会・ボランティア団体」は，介護・福祉，障害者支援，教育・文化・スポーツ振興，国際交流・協力，平和・人権活動，健康・医療，防犯・安全，自然環境保護，などがあげられる。

上記のさまざまな活動のうち，介護・福祉の活動は，全体的には参加頻度は低く（1.86），町内会と社会福祉協議会・ボランティア団体の所属者を除いて，活動はほとんど行なわれていない。しかし，（町内会もこの活動との関連がみられるが），特に，社会福祉協議会・ボランティア団体所属者は，多様な活動のうち，介護・福祉との関連がもっとも高い（クラマー V 係数＝0.418）。社会福祉協議会・ボランティア団体に所属する準専業主婦や専業主婦の地域の介護・福祉にかかわる共的サービスに果たす役割は大きく，参加者の少ない地域活動を担うとともに多様な社会活動を担っている。

また，「PTA」と「子ども会」のリーダー的活動者は，一般所属者に比べて，教育・文化・スポーツ振興の活動への参加頻度が高い。同様に，「消費者団体・生協」のリーダー的活動者は，地域行事世話，被災地支援，自然環境保護，公園等住民管理，平和人権活動，介護・福祉の活動への参加頻度が高く，「町内会」のリーダー的活動者は，ゴミ問題取組み，教育・文化・ス

表 3-3 所属地域集団・社会活動団体の活動と活動参加頻度の 2 変数関連

(クラマーV係数・x^2検定：有効回答数 N=506、欠測値 N=10)

地域集団・団体パターン	有効回答者に占める所属者	団体所属者							非所属者
		外的基準（共的未達性） →				←内的基準（自己充足性）		内的基準なし A
		外的基準			外的・内的基準なし	緩い ←		強い←内的基準 D	内的基準なし 非所属者 団体
		強い ←							
		B				C			
		子ども会	PTA	町内会	消費者団体・生協	趣味・娯楽団体	スポーツ団体	社協(1)ボランティア団体	
地域集団・社会活動団体		11.5%	31.0%	60.1%	28.7%	30.8%	9.9%	6.3%	12.6%
ゴミ問題取組み	3.01	0.119	0.169*	0.135*	0.193**	0.130	0.117	0.125	0.182**
教育・文化・スポーツ振興	2.65	0.109°	0.239***°	0.186**°	0.167**	0.237***	0.228***	0.296***	0.296***
地域行事世話	2.42	0.209***	0.320***	0.168**	0.152*	0.151*	0.190*	0.179**	0.185**
施設整備会・作業	2.32	0.127	0.163*	0.240***	0.085	0.171**	0.142*	0.138<0.06	0.179**
防犯・安全	2.29	0.077	0.121	0.176**	0.067	0.160*	0.078	0.211***	0.211***
災害地支援	2.27	0.111	0.155*	0.180**	0.121°	0.115	0.115	0.168**	0.171**
健康・医療	2.22	0.107	0.143<0.06°	0.058	0.126	0.129	0.083	0.221***	0.078
自然環境保護	2.04	0.052	0.102	0.156°	0.074°	0.126	0.073	0.202***	0.197**
公園等住民管理	2.03	0.149*	0.126	0.174**	0.094°	0.145*	0.086	0.197***	0.148*
平和・人権活動	1.90	0.079	0.105°	0.133°	0.119°	0.182**	0.139<0.06	0.223***	0.141*
介護・福祉	1.86	0.117	0.089	0.155°	0.100°	0.113	0.106	0.418***	0.114
障害者支援	1.84	0.097	0.100	0.169**	0.063	0.137<0.07	0.132	0.320***	0.106
国際交流・協力	1.81	0.098	0.111°	0.151*	0.084	0.143*	0.169**	0.247***	0.127

***: p<0.001, **: p<0.01, *: p<0.05

(出所) 小谷良子 同上: 465-477、表 4 に依拠して作成。
(注) (1) 社会活動に対する 5 段階評価得点は、5：よく参加する、4：ある程度参加する、3：余り参加しない、2：ほとんど参加しない、1：そんな活動はない、知らない。
(2) 地域集団・団体の内、所属者が約10%に満たないものは提示を割愛した。ただし、社協・ボランティア団体はパターンの特徴を示すために提示した。なお、社協(1)：社会福祉協議会を示す。
(3) 地域集団・社会活動団体の特徴を示す活動内容に網がけ表示をする。なお、団体非所属者については、すべての活動は負の関連となっている。
(4) °：地域集団・団体の一般所属者に比較して、リーダー的活動者の平均得点が有意に高い社会活動。

第 3 章 地域との関わりと生活経営

ポーツ振興，地域行事世話，防犯・安全，平和・人権活動などへの参加頻度が高い。とりわけ，持ち回りなどの「緩いコミュニティ意識規範」による一般所属者が多い町内会のリーダー的活動者は，一般所属者に比べて，種々の活動の負担割合が高いことを示している。しかし，自発性・主体性などを発達させたリーダーの存在や，活動を通してリーダー自身がエンパワーメントしつつ自己成長していくことも推察される。

団体非所属者は，健康・医療，介護・福祉，障害者支援，国際交流・協力を除くすべての活動に有意な負の関連があり，個人的にも地域における社会活動を実践していないことが示されている。すなわち，いずれかの地域集団・社会活動団体において，所属者たちの協同によって地域活動は実践されている。こうした現状から，いずれかの地域集団・社会活動団体に所属することが地域活動への契機となったり，リーダー的存在として活動を担うことが自己をエンパワーメントする契機となり，地域活性化や地域生活・福祉環境の構築につながっていく可能性が展望される。

3　家庭・地域・社会の連携と地域生活環境

（1）　子どもや若者をめぐる家庭・地域・社会の連携
a.　社会教育の本質的な変化

高度経済成長期以降，家族生活の変化や地域住民の関係性の希薄化などにより，家庭，地域，社会の領域ではさまざまな問題が噴出するようになってきたことは，すでに述べてきた通りである。特に，次世代を担う若者や子どもにとって，自己形成をしていくための家庭や地域における生活環境や人間関係は大きく変わり（詳細は第3章1（2）を参照），地域における青少年育成の取り組みも変容した。その背景にある要因は，1番目に，豊かな社会を実現するという目標をもって社会が行なってきた青少年の集団指導は，高度経済成長により概ね一定の成果を得た現代では，その必要性が失われたことにある。2番目に，集団活動には，基本的価値としての忍耐，団結，奉仕や，その他の一定のルールなどの制約もある。社会の変化を敏感に察知していた青少年は，とりわけ，集団活動に馴染まない青少年は，自由参加を原則とす

表3-4　子どもや若者への社会教育施策

対象	特徴
子ども	子どもの集団指導や集団づくりを直接の目的としない新しいタイプの施設（1974年～） ①自分の自由に遊ぶ：子どもが伸び伸びと遊べるように原則として禁止事項がない ②自分の責任で遊ぶ：子どもも親も事故の責任を行政に問わない ③プレーリーダーの配置：環境整備（遊具の点検・事故対処），子どもの遊びの活性化，地域の人々を横につなげる役割，などを目的とする
若者	青年の集団利用を前提としない，個人利用できるタイプの施設（1984年～） ①ロビーワーク：若者のニーズに対応するカウンセリング・ガイダンス・グループワークの機能をもつ ②若者のニーズをリサーチする場 ③若者の「居場所空間」の確保
若子者ども	まち全体を子ども・若者にとってよい空間にするアプローチ（例：三世代遊び場マップ）新学習指導要領で導入された生活科との関連で「まちワーク」活動などの展開（1990年代～） ①集団づくりにこだわらず個人としての子どもや若者の遊びや余暇活動の条件作りを行なう ②空間的アプローチを基本とする：「今，ここ」を対象とする空間的アプローチの増加 ③未来志向の指導・育成の教育効果の減少により，環境整備・支援の福祉政策と接近する

（出所）田中治彦「「子ども・若者と社会教育」の課題」日本社会教育学会編『子ども・若者と社会教育』東洋館出版社，pp.14-16（2002）を参考にして整理した。

る社会教育のプロジェクトに，忍耐を必要とする活動を選択する必然性を感じなくなったことがあげられる。3番目に，集団指導は将来の目標に向かって行なわれる未来志向の「時間的アプローチ」の側面をもつため，未来に対する信頼がある限りにおいて集団指導の成果がある。しかし，経済成長によるさまざまな社会的矛盾などが噴出した現代では，大人が示す価値やプログラムに対する信頼と魅力が減少したことや，あるいは将来への展望や未来に対する期待そのものが薄くなっており，集団指導のアプローチは成功しがたい状況にあることがあげられる（田中 2002：12-13）。

このような子どもや若者の集団離れや，少子化により地域の子どもの数が減少したこともあり，子どもの集団指導や集団づくりを直接の目的としない新しいタイプの施設や，青年が個人的に利用できるタイプの施設が建設されるようになった。あるいは，まち全体を子どもや若者にとってよりよい空間にするアプローチも試みられるようになった。これらの特徴を整理した**表3-4**

にみられるように，子どもや若者の主体性や自由を尊重することや，居場所空間を提供することは，これらの試みに共通した特徴となっている（田中 同上：14-16）。

b. 居場所論

地域の中に子どもや若者の居場所を確保するという空間アプローチによる施策が展開され，合わせて，新学習指導要領で導入された生活科との関連で「まちワーク」活動などに取り組む地域も多くみられる。1990年代以降は文部省（現文部科学省）の政策文書や学会で「居場所」の用語が使用されるようになった。居場所を社会教育の視座から概念化したものに居場所論がある。居場所という用語は多様な使われ方をしているが，それらに共通して用いられる概念から，居場所とは，「他者との関わりの中で自分の位置と将来の方向性を確認できる場」と定義され，空間・時間・関わりの要素を含んでいる（田中 同上：15）。

居場所は，「①自分という存在感とともにある，②自分と他者との相互承認という関わりにおいて生れる，③生きられた身体としての自分が，他者・事柄・物へと相互浸透的に伸び広がることで生れる，④世界（他者・事柄・物）の中でのポジションの獲得であるとともに，人生の方向性を生む」などの意味を包含し（萩原 2001），社会の中で演じるべき自分の役割（社会と自分との関係性）を位置づけ，アイデンティティを確立していくための主体形成の場であり，あるいは自分探しの場でもある。

従来は，社会の中での役割にある程度のパターンがあり，そのモデルに自分を近づけていく過程で自己のアイデンティティを確立していった。しかし，現代は，個々人の価値観やライフスタイルは多様化し，社会と人びとの関係性も複雑になり，青年期におけるモラトリアム（大人としての責任猶予）期間の長期化の一因になっている。また，モデルとなる役割や，目標となる生き方，および人物像などを描くことが困難になり，自分の手で社会との関係性を模索する「自分探し」への焦燥感を抱く若者が増えた（田中 前掲書：16）。

c. 大人と子どもの関係性の変容

　社会における人間関係が多様で複雑になる一方で，生活の個人化や家庭・地域・社会の連携の変容が進むなか，上述のような若者の抱える課題とともに，子どものさまざまな課題も表面化してきた。とりわけ，子どもの登校拒否，発達課題への対応や，子どもの社会参加論など，大人と子どもの関係性についての重要な課題が議論されるようになった。以下では，その概容を田中（同上：16-20）の論説を主に参考にして整理しておく。

【子どもの登校拒否の表面化】

　上述のように，地域・社会では，大人が子どもや若者を集団として捉えて，あるべき目標を設定して，教育，指導，育成する方法は，自由参加を旨とする社会教育の現場ではその効力を失った。しかし，拘束性がより強い学校教育の現場では，社会教育の現場より少し遅れて1980年代後半になって登校拒否（不登校）というかたちで問題が表面化してきた。

　当初，行政は，義務教育課程にある登校拒否児をいかにして学校の現場に戻すかということに重点を置いていたが，その効果が上がらなかったことと，学校の現場に戻せば解決するということではなく，学校に戻すということ自体に疑念が寄せられた。

　これを受けて，1992年に，文部省（現文部科学相）に委嘱された学校不適応対策調査研究協力者会議は，『登校拒否（不登校）問題について――児童生徒の「心の居場所」づくりを目指して』という報告書を発表した。それによると，登校拒否は誰にでも起りうることと前提した上で，「学校が子どもにとって自己の存在感を実感でき，精神的に安心できる場所（心の居場所）であることが重要」との指摘がなされている。この結果を踏まえて，文部省は，学校復帰を前提とした民間施設に通う限り，指導要録上の出席扱いにすることを可能にした（文部省 1992）。この措置の背景には，子どもが学校への登校を拒否するという無言の抵抗に，学校の権威が大きく失墜し，学校の正当性が疑われる結果を招いたことがあげられている（田中 同上：17）。

【子どもの発達課題への対応】

　高度の産業技術や科学の発達により出現した近代産業社会では，前近代社会で許容した無用さ・依存・偶然・出会い・病・挫折・老い・死などを否定的な価値として排除または無視する価値観が生まれ，人間の発達目標に健全・有用性・進歩・完成・連続・自立などを掲げるようになった。学校の現場においても，否定的とされる価値や無用な蔭の側面をカリキュラムから極力排除し，学校建築の構造自体も無用空間を削減し，明るく有用な空間のみに変えていった。このような近代産業社会で善とする目標を子どもの発達課題として学校教育に採用することにより，明確化された発達段階に到達しない子どもに対して，否定的な評価や優劣をつける傾向を生じた。

【子どもの社会参加論】

　上述のように大人が子どものあるべき目標を設定したことによって表出したさまざまな課題などへの対応として，1979年の青少年問題審議会の意見具申「青少年と社会参加」では，青少年の社会参加の定義を「青少年自身の自発的な役割遂行により，集団・社会を自分たちのものとして認識するようになるまでの自主的選択の過程」とした。社会参加を社会奉仕と捉える傾向があり，2000年の教育改革国民会議報告の「社会奉仕活動の義務化」の提起につながった。

　その一方で，1989年に国連で採択された「子どもの権利条約」では，子どもや若者にも大人と同様に社会の一翼を担う存在として認めて，そこでの意思決定に当たっては同等の参加の権利があるとして，子どもの権利を包括的に保障し，生存の権利，保護される権利，発達の権利，参加の権利の4つの基本的原則を謳った条約として各国政府に法的拘束力をもたせた。しかし，権限や責任を分け与えて大人とともに社会に参加する権利を認めるという参加の権利の内実は，意見表明権，表現の自由，思想・良心・宗教の自由，集会・結社の自由（12条－14条）などが含まれており，大人と子どもの関係性の見直しを問直すことを迫られているため，その実現には今なお多くの障害がある。試みに取り組んでいる自治体もあるが，日本政府においても，参加の権利の実現には消極的である。

（2） 学校・家庭・地域の連携と融合
a. 学校・家庭・地域の連携と融合

1970年代には，学校外の子どもの生活や教育に対して社会教育関係者や文部省（現文部科学省）などによるさまざまな論議が活発になり，1974年には，文部省の社会教育審議会は「在学青少年に対する社会教育のあり方について」と題する建議をまとめて，学校，家庭，地域のそれぞれが独自の機能を明確にして相互の補完関係を図るべきとする学校・家庭地域の連携（学社連携）を提言した。具体的には，社会教育指導者の養成と確保，各種施設の整備・充実，青少年団体の振興，地域社会の理解・協力の促進，の提言である。実現には，学校を社会に開き，公民館・児童施設を大人のボランティア活動で支えるなど，コミュニティ教育の視座を取り込んだボランティア活動に規定される。

一方，日本教職員組合の教育制度検討委員会は，地域教育力の回復，校外自治組織の形成，児童施設の建設を提言し，子どもの全面発達を平等・公平に保障するために専門職員として教員を多数配置する制度を強調した。これに対して，社会教育関係者側から，自主的活動を基礎とする連帯喪失・地域遊離への危惧，および学校教育拡大による画一化と管理の恐れへの危惧が指摘された。子どもの発達の権利を保障するために，学校外教育の振興の必要性を認めることは，両者の一致がみられるものの，「平等・公平の視点を重視して，公的・制度的に施設や指導者を配置する」のか，あるいは「自発性・民間性に学校外教育の存在意義がある」のかという議論に分かれた。両者の境界領域を，どちらの領域の枠組として捉えるのかといった領域論も伴っていた（田中 同上：20-21）。

この後20年を経て，1996年に，生涯学習審議会答申「地域における生涯学習機会の充実方策について」において，学校教育と社会教育が役割分担を前提とし，学習の場や活動の要素を部分的に重ね合わせ，一体となって子どもたちの教育に取り組もうとする学校・家庭・地域の融合（学社融合論）が提起された。その背景には，1番目に，学校の完全週5日制の実施（2002年度以降）を前に，議論の結果，土曜日の子どもの受け皿として，地域・社

会教育に子どもを委ねることになったことが挙げられる。2番目に，子どもが将来出会うであろう課題には教科の枠組みを越え学際的・教科横断的な教え方が要請される。従来の教科カリキュラムが生活実態から遊離した抽象的なものになり，関心離れ・学校離れを促進したとの認識から，1989年の学習指導要領改定により，生活科（小学校低学年を対象に1989年度から実施），および総合学習の時間（小学校から高校までのすべての公立学校を対象に2002年度から実施）を設定したことがあげられる。すなわち，総合学習でとりあげられる環境，国際理解，福祉・健康，情報のような現代的・学際的な課題を効果的に学習するには，学校と地域・NPO・社会教育機関が連携する必要が生じたのである。3番目に，1990年には合計特殊出生率が1.57人にまで低下したこと（1.57ショック）があげられる。その少子化対策に厚生省（現厚生労働省）はエンゼルプラン（1993年），新エンゼルプラン（1999年）を発表し，保育園，児童館，学童保育の充実，地域子育て支援センターの整備などの事業を実施するに当たり，条件整備や対象者のサポートなどを中心にした福祉系の施策が着目されるようになったのである。

b.　子どもと地域住民

その他，文部省（現文部科学省）の全国の教育委員会，公民館，学校など1000か所に子どもセンターを設置する目標を掲げる「全国子どもプラン」の策定などを含めて，さまざまな省庁が打ち出す子ども施策を地元レベルで受けとめて有効なものにするには，その担い手は，子どもたちと地域住民をおいてない。行政機関による課題の発見，およびその課題への対応として一律なサービスを提供するだけでは，複雑で多様な子どもや若者のニーズへの対応は不可能であり，行政機関の対応システムも財政も限界がきている。地域網羅的な町内会，PTA，子ども会などの地縁組織の活動は形骸化が進んだこともあり，子どものニーズを捉えて行動に移そうとする意識をもった住民と彼らが所属するアソシエーショナルな集団や組織，あるいはNPOなどの民間非営利組織への期待が大きくなっている（詳細は，第3章1（3）を参照）。

不登校・児童虐待などの個別の課題，障害児や在日外国人などの個別のニ

ーズなどを発見し，その対応への実践や，各関係機関との対応の連携など，とりわけNPOの存在は今後の子どもや若者にかかわる施策の立案やその実践に不可欠であると考えられている。当事者である子どもの参画を中心に，子どもの視点に依拠して，学校，家庭，地域，NPO・アソシエーショナルな住民団体，行政がいかにパートナーシップを発揮して協働を実践していくことができるのかが大きな課題となっている。

(3) 地域の生活環境課題
a. 地域の重要な課題

子どもや若者にかかわる課題，看護・介護にかかわる福祉環境の問題，主婦の社会参加にかかわる課題，あるいは地域の自然環境の課題など，さまざまな地域の生活環境上の課題が噴出している。その一方で，地域における人間関係の希薄化，あるいは地域活動の担い手の不在など，地域生活環境の構築に大きな課題もある。その根底には，個人，および家族と家庭内の生活環境への関心に凝集された生活者の意識に課題があるともいえる（詳細は，第3章1（4）a.を参照）。大阪府T市市役所の関係部署の協力のもとに，全域を対象に町内会や子ども会などの地縁組織，ボランティア活動団体，各種サークル活動，消防団，地域教育協議会，子ども会，PTAなどの中枢活動層を対象にして2002年に人材育成システム研究会が実施した調査では，**表3-5**に示すように，地域の重要な課題として，高齢者福祉と住民同士の交流をあげた者は10％を越えているが，住民参加型のまちづくりを挙げた者は8％程度に留まっている。防犯対策や子育てや子どもの保育などの課題を含めて，地域生活環境の課題として意識している者は非常に少ない（調査実施年は市町村合併問題が全国的に議論されていたという特殊な事情があるが，ここではそれについての言及を割愛する）。地域集団・社会化活動団体の中枢活動層にある人たちにおいてさえ，自分が居住する地域のさまざまな課題への認識や個人的な問題関心は高いとはいえず，地域生活者としての，いわゆる共同主体としての主体形成（詳細は，本節（4）を参照）は未熟であると考えられる（小谷・中道 2004：149-172）。

表 3-5　地域の重要な課題についての認識

1.	市町村合併	12.6%	11.	スポーツ・余暇活動の充実	0.6%
2.	商業の活性化	2.3%	12.	町並み保存や景観保存	1.9%
3.	子育てや子どもの保育	3.8%	13.	住民参加型のまちづくり	8.4%
4.	青少年の非行防止	5.3%	14.	住民同士の交流	11.8%
5.	高齢者福祉	15.4%	15.	防犯対策	6.0%
6.	ゴミ問題	2.6%	16.	防災対策	0.9%
7.	騒音や煤煙問題	2.4%	17.	放置自転車・路上駐車など交通安全	5.6%
8.	公園整備・緑化	2.6%	18.	その他（ご記入：　　　）	2.4%
9.	伝統芸能や祭りの保存	1.7%	19.	特にない	5.1%
10.	生涯学習などの文化活動	3.6%			

(N＝533　欠測値：5.1%)

（出所）　小谷良子「＜資料編＞調査票および単純集計結果」中道實（研究代表）『ポスト福祉国家時代における多核心自立型地域社会システムの形成に関する基礎的研究』（平成14年度 - 平成17年度科学研究費補助金（基盤研究（B））研究成果報告書）p.306（2006）。

表 3-6　地域の課題への対応

1.	何もしていない	30.0%	2.	町内会に提起して解決に取り組む	21.4%
3.	何もできない	11.6%	4.	自分や家族で解決する	10.9%
5.	有志をつのって解決を図る	10.3%	6.	役所・役場に依頼する	9.9%
7.	近所の人たちで解決する	9.8%	8.	議員に依頼する	4.5%

(N＝533　欠測値：13.7%)

（出所）　小谷良子「＜資料編＞調査票および単純集計結果」中道實（研究代表）『ポスト福祉国家時代における多核心自立型地域社会システムの形成に関する基礎的研究』（平成14年度 - 平成17年度科学研究費補助金（基盤研究（B））研究成果報告書）p.306（2006）。
（注）　欠測値には，無回答者と地域の課題は「特にない」と回答した者（非該当者）が含まれる。

b. 地域の課題への対応

　こうした地域の課題を認識していても，その解決策を探り行動の実践に至るとは必ずしも限らない。表 3-6 は，上記の調査において，本人が問題があると回答した地域の課題に対してどのように対応したかを示した結果を提示したものである。居住地域において自身が重要だと認識する問題への解決の構えがある中枢活動層は52.4％であり，約半数がこのような「自己関与性」を発達させている。これらの問題に対して解決策を提起し解決への対応をする者は31.0％であり，「何もしない」「何もできない」者は各々30.0％，11.6％である。居住地域における問題を自らの問題として受けとめ解決へ

の構えをもつ「自己関与性」の発達と，実際に問題解決の提起・解決への対応をする「個的問題提起性」の発達との間には格差がみられる（小谷・中道前掲書：149-172）。また，地域集団や社会活動団体の中枢活動層においてさえ，地域の課題を認識しながらいずれの解決行動も取らない者は約3分の1にも達している。

また，T市子ども会育成連絡協議会[4]の役員をする女性は，子ども会に所属する子どもの母親は役員を引き受けたがらず，あるいは会に所属する子どもと同年齢層の子どもをもつ若い母親が役員には1名も含まれていないことを課題にあげている。現実には年輩の男性役員が大半で，彼らが子どものための実質的，先駆的な活動を阻んでいると指摘している（小谷・中道 2003：17-26）。当事者である子どもの視点に依拠した，家庭，地域住民，行政の協働についての課題が示唆されている。

その一方で，1980年代以降に急増した地域活動団体の内，消費生活，健康・医療，福祉など，暮らしや生命に直結するボランタリーな地域活動の7 – 9割を30 – 50歳代を中心とした既婚女性が担っている（矢澤 1999：158）。地域で結ばれることの意味を発見した住縁で結ばれる主婦たちの，自発性・無償性・利他性に裏付けられた近隣自治的活動である（中道・小谷 2006：1-16）。こうしたコミュニティ活動の女性参加者のうち，専業主婦の占める割合は有職主婦の2倍以上となっている（経済企画庁（現内閣府）編 1985：26-27）。

（4）地域生活環境の構築
a. 地域生活者としての主体要件

上述のような自分たちの居住する地域のさまざまな課題を近隣自治的活動によって解決しようとする，いわば，地域の生活環境や福祉環境の構築などのまちづくりに対する住民の内発的エネルギーを主体要件と定義して，中道（1997：139-143）は「自己関与性」「個的問題提起性」「共同的問題提起性」「自律性」「負担受容性」「犠牲許容性」「公共性」の7つの主体要件を抽出している。これらの主体要件は，「因果的関連をもちつつ発展する過程において，私的利害の対立を止揚して共同性は醸成されていく」と考えられている。

表 3-7 地域・社会生活者としての「地域・社会参画に対する主体形成の評価軸」

生活目標と主体形成の評価軸 (主体形成の目標的枠組み)	地域・社会参画への道筋 参加価値規範の形成		地域・社会参画に対する 主体要件の発達過程モデル	
Ⅰ. 基本的な暮らし向き	共同	共生	個的 レベル	①自己関与性 ②個的問題提起性
Ⅱ. 安心・安全な暮らし向き	共通利害の認識 共同規範の形成	権利・責任の認識 市民価値規範の形成	共同的 レベル	③共同的問題提起性
Ⅲ. 充足した関係	合意・役割意識	対等性の認識・協調		④自律性 ⑤負担受容性
Ⅳ. セルフエスティームの形成	一員意識 共同の認識	社会参加の正当性 協働の認識		⑥犠牲許容性
Ⅴ. 自己成長努力	地域・社会参画による 地域生活・福祉環境の構築			⑦公共性

(出所) 中道實「主体要件の析出とその実態」神谷国弘・中道實編『都市的共同性の社会学』, p.147, 図 6.3 (1997), 小谷良子「専業的主婦のライフスタイルと自立と共同の認識」奈良女子大学人間文化研究科『人間文化研究科年報』第17号, pp.341-356, 表1 (2002d), および小谷良子『専業的主婦の主体形成論——個人・家庭・地域生活者としての課題とその実証的研究』奈良女子大学博士論文, p.46, 図2-3 (2003b) を基底に加筆, 修正した。
(注) 網がけ表示はモデルの核心的な主体要件, 二重矢印は「公共性」の発達に必要な発達コース, 点線矢印は私性を内包した発達コースを示す。

表 3-7 は, 地域・社会参画に対する主体要件の発達過程モデル（中道 同上：147）を「生活（life）」目標と主体形成の評価軸（詳細は第1章1（3）および図1-3を参照）に対応させて示したものである。まず,「①日常生活上の諸困難を自らの問題と捉え, その解決を志向する自己関与性」, および「②諸困難の原因とその克服可能性を検討し個人的レベルで解決策を模索する個的問題提起性」は, 基本的な暮らし向き（Ⅰ）を維持・更新するために必要な主体要件である。家庭や家族などの個的レベルでは対応が困難な地域の課題に対して,「③私的利害の対立を止揚した地域合意に基づいて共同的レベルでの解決策を提起していく共同的問題提起性」は, 安心・安全な暮らし向き（Ⅱ）を維持・更新するために必要な主体要件である。この主体要件が醸成されるならば,「④自己の主体性を保持しつつ, 行政との共同行為によってまちづくりに参画する自律性」, および「⑥時間・労力の提供などの負担を担う負担受容性」の醸成が促される。これは地域における充足した関係（Ⅲ）を構築する上で必要な主体要件である。さらに,「⑤行政との自律的共

同関係の構築によって醸成される行政への信頼と社会的共通規範の形成によって培われる全体の中の個の自覚の下に，利己性の自己規制・犠牲を受託する犠牲許容性」を醸成させることは，セルフエスティームの形成（Ⅳ）につながる。最後に，「⑦調和性と秩序性を優位させた共同行為によって共同利益を実現していく公共性」の形成に至る（中道 同上：139-143）。こうした地域生活者としての自己成長過程を通して，共同性や人びととの共同関係は醸成されるのである。

b. 共同・共生への道筋

また，公共性の形成に至る地域・社会参画への道筋は，上記の**表 3-7** に示すように，2つのコースがあるといわれている（中道 2000：206-207）。1つは，「地域集団参加→地域社会感情の発達・強化→参加行動様式の決定」に要約されるコースである。多様な地域集団への自発的・積極的な参加によって共存・共属する住民が，共通利害を認識し，共通の課題の解決に向けて共同規範を形成し，共同利益追及への合意と役割意識に基づいて参加行動を実践するとき，その参加行動を通して一員意識や共同の認識がなされ，公共性が醸成される（小谷・中道 前掲書：149-172）。すなわち共同への道筋である。

2つ目は，「参加規範の確立→参加行動様式の決定」に要約されるコースである。生活者の市民価値意識の醸成がなされ，具体的個人の定立とその権利と責任の対等性を認識し，住民参加に関する理論的定礎および正当性の根拠を定立させて，自主的な協働への参加行動へ導かれるとき，その参加行動を通して公共性が醸成される。このような公共性について，右田（1993：9-15）は，「生の営みという共同性を原点とした人々の共同関係を普遍化したものであり，共に生きる原理そのもの」と定義している。すなわち，市民社会の形成原理であり，共生への道筋である。しかし，既述したように，市民価値規範（共生）に依拠するのみでは理念としての態度レベルに留まる可能性があることが指摘されている（中道 同上：206-207）。

(1) 共生という用語は，様々な学問分野や広範な領域で多様な解釈がなされているが，特に福祉を含む人間社会における共生概念は，同質化への方向づけで

はなく，異質なものへの容認を前提に異質なものに開かれた社会的結合であることが各解釈に共通して論じられている（参照：井上達夫「共生」『岩波哲学思想事典』343-344（1998），山口定『「共生」ということ』（1994），『朝日新聞』10.30 朝刊など）
（2） 家族に関する政府や自治体の施策を総称して，1970 年代後半から，「家族政策」と呼ばれるようになった（参照：下夷美幸「家族政策の歴史的展開」社会保障研究所編『高齢社会と社会保障』251-266（1994））．
（3） 高度経済成長期に，家族の変化を牽引し，具現していったサラリーマン家族が多く居住する生産・生活分離の居住環境機能に特化した代表的な大規模郊外住宅地において，20 歳以上の有配偶女性を対象に 2000 年 9 月にコミュニティ・ネットワーク研究会（代表：中道實）が実施した調査結果に基づく（専業主婦：62.2%（N=404），準専業主婦：17.3%（N=112），フルタイム就労主婦：20.5%（N=133））．
（4） 子ども会の上部組織．子どもの育成と子ども会のリーダー育成を使命として，スポーツ，登山，絵画展，地域清掃活動などの行事の企画と実践，およびリーダー研修会を行なっている．

■引用・参考文献
荒木昭次郎『参加と協働』ぎょうせい（1990）
萩原健次郎「人間の発達観と子どもの現場」田中治彦編『子ども・若者の居場所の構想』学陽書房（2001）
今村あん「主婦が社会で活動すること」国際女性学会編『現代日本の主婦』日本放送出版協会（1980）
経済企画庁（現内閣府）編『国民生活白書 社会活動参加の実態と課題』大蔵省印刷局（1985）
小谷良子「専業的主婦のライフスタイルと自立と共同の認識――男性・フルタイム就労主婦との比較分析」奈良女子大学人間文化研究科『人間文化研究科年報』第 17 号，341-356（2002 d）
―――――「専業的主婦の資質・特性と家庭・地域・社会環境――生活者意識と家庭外活動の要因分析」『社会学論集』第 9 号，41-58（2002 f）
―――――『専業的主婦の主体形成論――個人・家庭・地域生活者としての課題とその実証的研究』奈良女子大学博士論文，p.61，図 3 - 1（2003 b）
―――――「専業的主婦の主体形成と地域・社会意識類型」『人間文化研究科年報』第 18 号，235-250（2003 c）
―――――「専業的主婦の社会活動と所属地域集団・社会活動団体にみる自立と共同の方向性――大都市近郊のニュータウン調査にみられる傾向」日本家政学会

『日本家政学会誌』第 55 巻 6 号，465-477（2004）
小谷良子・中道實「専業的主婦の地域社会参画と人材育成システムの再形成——地域集団・社会参加団体のリーダーへの面接調査に基づく考察」奈良女子大学家政学会『家政學研究』第 49 巻 2 号，17-26（2003）
————「地域社会活動団体における中枢活動層の地域感情と地域参画への主体要件」コミュニティ政策学会『コミュニティ政策』2 号，149-172，東進堂（2004）
倉沢進『コミュニティ論——地域社会と住民活動』放送大学教育振興会（1998）
松村祥子「福祉ミックス時代の生活課題」日本家政学会生活経営学部会編『福祉環境と生活経営』朝倉書店（2000）
森岡清志「社会的ネットワークとパーソナルネットワーク」森岡清志編『都市社会の人間関係』放送大学教育振興会（2000）
————「コミュニティにおけるパーソナル・ネットワーク」日本都市センター編『自治的コミュニティの構築と近隣政府の選択』日本都市センター（2002）
文部省（現文部科学省）『登校拒否（不登校）問題について——児童生徒の「心の居場所」づくりを目指して』（1992）
長津美代子「社会参加と女性の地位」袖井孝子・矢野眞知編著『現代女性の地位』勁草書房（1987）
中道實「停滞型周辺都市における都市再生の主体要件」『社会学部紀要』23 巻 1 号，16-36（1991）
————「市民意識研究の社会的背景と課題」神谷国弘・中道實編『都市的共同性の社会学』ナカニシヤ出版（1997）
————「主体要件の析出とその実態」神谷国弘・中道實編『都市的共同性の社会学』ナカニシヤ出版（1997）
————「地域社会における政策決定過程」間場寿一編『講座社会学 9 政治』東京大学出版会（2000）
————（研究代表）「ポスト福祉国家時代における多核心自立型地域社会システムの形成に関する基礎的研究」（平成 14 年度－平成 17 年度科学研究費補助金（基盤研究（B））研究成果報告書）p. 306（2006）
中道實・小谷良子「近隣自治システムの構築とその発展可能性——大都市近郊のニュータウン調査に基づく考察」『社会学論集』第 12 号，57-98（2005）
————「パーソナル・ネットワークと生活展開志向にみる近隣自治の活動の展望——地域集団・社会活動団体の中枢活動層を対象に」奈良女子大学大学院『人間文化研究科年報』第 26 号，1-16（2006）
二関隆美『現代社会と婦人の社会参加』文部省社会教育局婦人教育課（1980）
似田貝香門「現代社会の地域集団」青井和夫監修・蓮見音彦編『地域社会学』サ

イエンス社（1995）

――――「現代都市の地域集団」蓮見音彦・似田貝香門ほか編『現代都市と地域形成』東京大学出版会（1997）

野沢慎司「連帯的なネットワークと家族」森岡清志編『都市社会の人間関係』放送大学教育振興会（2000）

佐藤慶幸『アソシエーションの社会学』早稲田大学出版部（1994）

――――『NPOと市民社会――アソシエーション論の可能性』有斐閣（2002）

高橋勝『子どもの自己形成空間』川嶋書店（1992）

田中治彦「「子ども・若者と社会教育」の課題」日本社会教育学会編『子ども・若者と社会教育』東洋館出版社（2002）

右田紀久恵『自治型地域福祉の展開』法律文化社（1993）

山田昌弘「都市家族の変化と地域政策の転換」蓮見音彦・似田貝香門・矢澤澄子編『現代都市と地域形成』東京大学出版会（1997）

山崎丈夫『地縁組織論』自治体研究社（1999）

矢澤澄子「社会的活動の場で」井上輝子・江原由美子編『女性のデータブック』有斐閣（1999）

■資　料

加藤寛監修『ライフデザイン白書 2000-2001』ライフデザイン研究所（1999）

第4章　市民社会における生活者としての権利と責任

1　男女（老若）共同参画社会と生活経営

（1）　主婦論争の議論展開にみる問題点
a.　主婦の歴史的位置づけ

「主婦」という言葉が文学や雑誌に現われるのは明治40年代である。大正期の資本主義の成熟と，大衆ジャーナリズムの興隆の中で，『青鞜』の女権思想に端を発して，主婦という階層の意識化が近代化の一つの現われとして登場してきた。明治40年代から大正前期にかけて，羽仁もと子の編集による『婦人の友』は，当時の中産階級のインテリ女性に，消費者として，家庭生活設計のマネージャーとしての意識を芽生えさせた。さらに，『主婦の友』，『婦人倶楽部』の発刊に及び，主婦の役割が広く女性の間に意識されるようになった。やがて，主婦の役割や家事労働の評価の主張がなされるようになり，大正デモクラシーの中で，近代的な性別役割の考え方とその権利の主張が芽生えてきたとされている（駒野 1982：233）。しかし，妻の座は夫のパートナーとして対等であるとする西欧型の権利意識は定着せず，依然として男性優位の封建道徳は受け継がれていた。

太平洋戦争後，民法が改正され，夫婦中心の核家族が増加した昭和30年代になって，性別役割の思想が日本に定着した。昭和30年の『婦人公論』2月号に掲載された石垣綾子（1955）の「主婦という第2職業論」が口火と

なり，主婦の権利（女性解放）や家事労働の評価（性別役割分業意識）をめぐって，いわゆる「主婦論争」が展開された。足かけ7年に及ぶ主婦論争（第1次と第2次主婦論争に分けて考えるのが定説である。生活科学調査会編 1970：1-61）は，理論家の間では，いくつかの確認事項を残して終結したとされるが，一般の専業主婦には無縁の論争に終わった。すなわち，「主婦論争が多くのエネルギーをかけて探り当てたものは，労働者階級との連帯を主婦達自体の運動のなかに見いだしたことにあった」とされている（生活科学調査会編同上：61）。これは，その後に続く第3次主婦論争（昭和47年以降）を経た現在に至っても，依然として多くの女性が主婦論争で展開された「女性解放」の方向に結集するに至らない要因と解釈されている（神田 1982：215-217）。主婦論争に関しては，多くの先行研究がみられるが，本書では，神田（同上：214-230）の論説を主に参照して，主婦論争の要点と歴史的位置づけを整理しておく。

b. 第1次主婦論争における論点

第1次主婦論争における論点を，神田は3つに分けて，以下のように分析する。「第1は職場進出論，第2は家庭重視論，第3は主婦運動論である。第1の職場進出論は，職場進出が女性解放の方向であるという立場をとり，家庭の主婦と比較して職業婦人は一歩進んだ女性であるという位置づけのもとに，2つの異なる流れを包含する。1つは，女性が男性への従属的位置から解放されるために経済的自立は不可欠であり，そのために職業を持ち収入を得ることを重視する。2つ目は，革新的婦人層にとっての解放の定式ともいえる女性解放運動の方向を示す社会主義婦人論である。家事労働を個別的私的労働から社会的労働へと必然的に転化させ，労働組合の組織力により社会主義社会に変革することで女性の解放が実現される」（神田 同上：215-217）といった理念により，女性の職場進出を評価する。

第2の家庭重視論は，家庭における女性の役割について，第1の職場進出論とはまったく逆の立場をとる（初期の主婦論争以前から女性解放論の中で職場進出論とともに存在していた）。この議論は，婦人公論に掲載された坂西（1955）の「主婦第二職業論の盲点」に代表される。坂西は，アメリカで

は家庭に入る女性が多くなっている事実から，職場進出論をすでに遅れた論であると評価する（坂西 1955）。「1つは，主婦の家庭内労働を評価し，現金収入になる労働のみを評価する傾向を非難する。2つ目は，女性の特性は，家事・育児にあり，家庭の中で特性を発揮しながら，そこで女性の地位の向上をはかるという特性論（かつての天職論）を基底に，家事・育児に専念することが価値ある生き方であると評価する。さらに，夫婦分業論として家庭を1つの経営体とみなし，夫婦がともに管理者であり，妻は，家庭の生活面や子どもの養育面を担当する家庭管理者として高く評価する考え方へと発展した」（神田 同上：217-218）とされる。

第3の主婦運動論は，同じく婦人公論に掲載された平塚（1955）・清水（1955）・丸岡（1957）などに代表される主婦の社会的運動を高く評価する論である。この立場は，職場進出論，家庭重視論を離れて，主婦が社会的政治的運動を展開している事実を評価し，職場婦人と家庭婦人が手をつなぎ闘うことの重要性を強調する。「抽象的な女性解放論から脱し，現実的な問題の解決に立ち上がった主婦の力を高く評価し，両者がともに女性の地位向上と解放された社会の建設に協力していく方向を示した。この主婦運動論は，第2次主婦論争の問題提起としての役割を果たした」（神田 同上：218-219）とされる。

c. 第2次主婦論争における論点

第2次主婦論争は，『朝日ジャーナル』昭和35年4月号に掲載された磯野（1960）の「婦人解放論の混迷」が，火付け役となった。磯野は，資本主義社会における現状からみて，職場進出は資本のために余剰価値を生む労働力の提供になるのではないかという主婦労働の経済的価値についての問題を提起した。また，集団保育を主張した職場進出論に対して，子どもに及ぼす影響を考慮し，3歳未満児の家庭保育を強調した。これを契機とした第2次主婦論争を，前掲の神田は3つに分け，次のように分析する。「第1は，磯野の問題提起にそった主婦労働の経済的価値についての経済学者からの発言，第2は，主婦の経済的自立の具体的対策についての言及，第3は，女性解放という全体的視野からみた主婦の社会運動と職業婦人の運動との関連につい

てである。第1の議論は，主婦労働は経済的価値を直接には生まないが，労働力の再生産を行なっているのだから有償であるべきという方向に進み，それを主婦年金制，社会保障制度による家族手当の支給に求めている。第2の議論は，主婦年金制，家族手当法など，家事労働を通じて経済的自立を獲得する策が展開された。第3の議論は，主婦の社会運動と職業婦人の運動の連帯を重視した展開となった。即ち，職業婦人と家庭婦人が各々の立場で抱える問題を連帯して解決していくことで，女性の地位向上や，社会変革の力につながると位置づけられた」（神田 同上：220-223）と述べる。

その後の第3次主婦論争（1970年代以降）までの約10年間に，日本の産業社会は高度成長を続け，パートタイムで低賃金労働に就く主婦は増加していき，職業婦人と家庭の主婦というカテゴリーそのものが意味をなさない時代になった。駒野（1982：238）は，「経済的に一応独立していても，女性解放や社会変革に無関心でマイホーム主義に埋没している無自覚な主婦労働者を批判し，就業を意識的に拒否して市民運動にエネルギーを注ぐことを進んだ考え方だと自負する者も出てきた」と述べている。これらからも，家庭か職業かといったカテゴライズは時代にそぐわなくなったと解釈される。

d. 第3次主婦論争における論点

第3次主婦論争の口火を切ったのは，武田（1972）の「主婦こそ解放された人間像」である。武田は，これまでの女性解放の資本主義的解決にも社会主義的解決にも批判的立場をとり，高度成長期の生産優先の論理から一転し，生産よりも生活に価値を置く主婦の論理を強調した。辺は，「現実に進行している家庭破壊現象から家庭を擁護することを目標に，公害絶滅，物価引き下げなどを目指して展開される消費者運動などを通して，社会的抑圧廃止のための拠点として家庭を位置づけた」（辺 1973：9）と武田を評価する。家庭を女性抑圧の元凶と位置づけたウーマン・リブ運動と逆の立場をとる。

上記で確認してきた主婦論の歴史的位置づけからみると，主婦論争は，性別役割分業を肯定し，その中で主婦の権利を主張しようとする立場をとる者と，主婦労働無価値説に立って，女性の経済的自立の必要を主張する立場をとる者との間での論争であったといえる。

e. 主婦論争にみる問題点

　1960年代までの主婦論争は，専業的主婦の置かれた立場を直視すると，現実性に欠け，実証をもたない次元の議論であった。また，夫からの経済的自立や女性の自己利害を追及するなど権利を主張する議論であったといえる。社会的・経済的自立，生理的・生殖的自立，精神的・文化的自立を総合した自立の議論ではなかった。さらに，共存・共属する生活者としての共同構築への議論展開もなされなかった。上記で確認した主婦論争の議論展開と問題点を整理し，図4-1にその概念図を提示する。主婦論争にみる主婦論および女性の社会参画論の問題点について整理すると次の4点に要約できよう（小谷 2003b：21-24）。

① 権利意識やイデオロギーの立場から女性の地位向上や女性解放を目的とする社会の変革運動であり，一般の専業主婦には無縁の論争となった。
② 生産にかかわる社会と生活にかかわる家庭は，相対する位置に置かれ分断された。人間としての生活行動をトータルに捉えることなく，女性の生活を家庭内か家庭外かといった価値付けをしたことは，今なお，専業的主婦の生活行動に影響を及ぼしているものと解釈される。
③ 男性に比べて女性の職場環境が劣る状況のもとで，職場に出て単純労働に従事するよりも，家庭で子育てをする方が創造的で生き甲斐があるといった，二者選択における消去法的選択として家庭を位置づけた。女性の地位向上や女性解放を目指したにもかかわらず，女性ないしは主婦自身自らが主体的な生活の選択意識に目覚めたわけではなく，主体的な意思決定能力を育てることにはつながらなかったと解釈される。
④ 家事労働については，その役割に深く踏み込むことなく，男性からの経済的自立に視点を置いた，家事の労働量に対する経済的価値の評価について議論が展開された。家事労働の本来の役割に対する正当な評価がなされなかったことは，家事に専念する主婦自身の家事労働に対する認識にも影響を及ぼしたと解釈される。

図4-1 主婦論争の議論展開と問題点

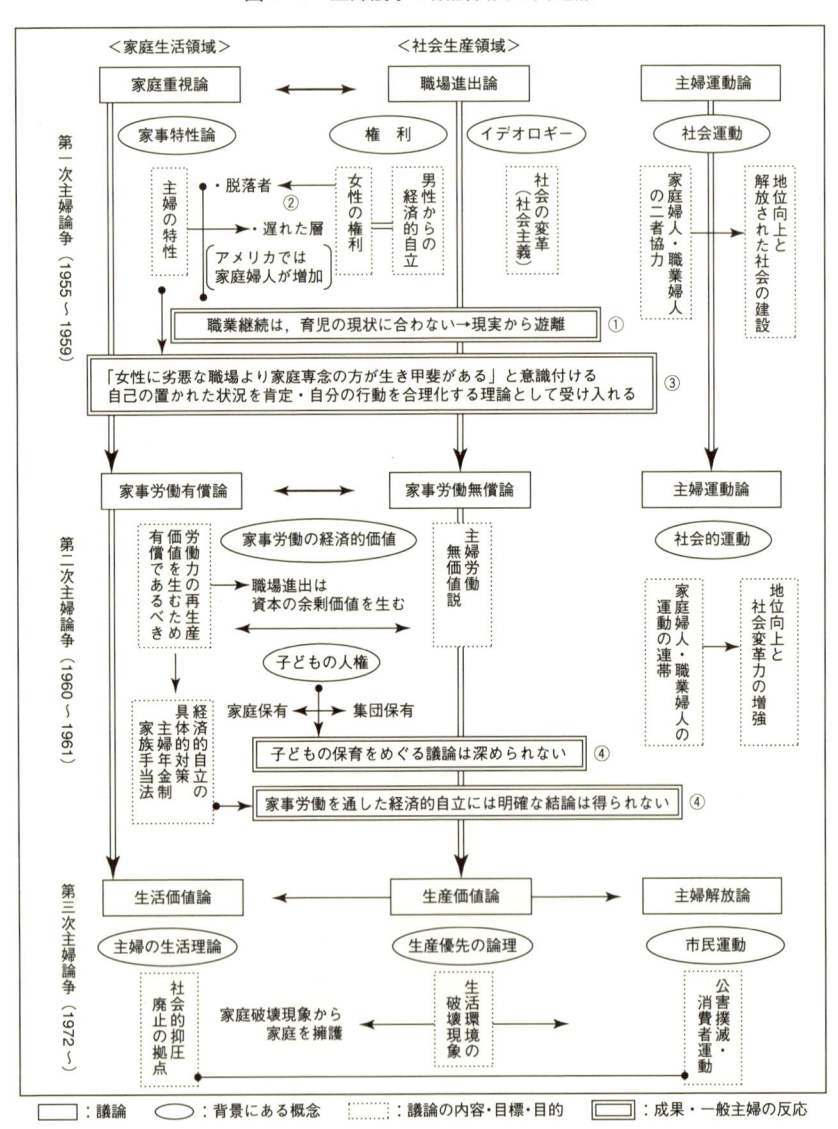

（出所）小谷良子『専業的主婦の主体形成論——個人・家庭・地域生活者としての課題とその実証的研究』奈良女子大学博士論文, p.23, 図1-1 (2003b)。

上野 (1982：249) は，最近の主婦論に至るまでの共通した論点を総括して，次の2点に要約する。「第1は，暮らしの維持に関わるためには，主婦が担当する家事・育児労働が私的に（家庭で）処理されるべきか，公的に処理されるべきかといった家庭擁護論と家庭解体論の対立，第2は，家事労働の担当を性別固定すること（性別役割分業）の是非をめぐる性分業肯定論と性分業否定論の対立」である。
　理論的・価値的な理念によって議論がなされてきたが，対立する両者の背景には，相互差別意識の存在が否めない。すなわち，暮らしの維持に関わるために，女性が働くことと働かないことに対する選択をめぐって，各々を選択せざるを得ない者と選択の自由をもつ者との相互差別意識である。多大なエネルギーを費やして議論された主婦論は，職業の有無とその選択の自由の有無，及び性別を相対立するものとして両者を分断し，相互差別意識を内包する議論であったといえよう（上野 同上：249）。

(2) 男女共同参画社会
a. 基本理念
　1975年の国際婦人年の世界大会で採択された世界行動計画は，「性別役割分業の現状とその意識」の変革をかかげ，性別役割分業の排除と，家事労働の正当な評価という2つの行動計画を目標とした。女性解放運動の課題は，これを契機に，この行動目標などのような行動に展開していくかといった具体的行動への模索へと移行していった。また，「国際婦人年」を契機に女性に対する性差別撤廃は世界規模で拡がっていき，我が国においても，女性の有職化，高学歴化，生活の社会化などの進展がみられる。また，種々の格差の是正を視野に入れた施策として，両性の平等と，家庭・地域・社会への均衡のとれた男女共同参画社会の形成を推進する「男女共同参画社会基本法」が1999年6月に制定された。
　その前文には，少子高齢化の進展，国内経済活動の成熟化などをわが国の最重要課題と位置づけて，日本が実現しようとする課題とは，「互いにその人権を尊重しつつ，責任も分かち合い，性別にかかわりなく，その個性と能力を十分に発揮することができる男女共同参画社会」と記載されている。

「男女共同参画社会の形成」とは，男女共同参画社会基本法の第二条で，「男女が，社会の対等な構成員として，自らの意思によって社会のあらゆる分野における活動に参画する機会が確保され，もって男女が均等に政治的，経済的，社会的及び文化的利益を享受することができ，かつ，ともに責任を担うべき社会を形成することをいう」と定義されている。

　このように男女の人権が尊重され，かつ，社会経済情勢の変化に対応できる豊かで活力ある社会を実現することの緊急性を考慮した男女共同参画社会の形成を「総合的かつ計画的に推進する」ために，第一条では，基本理念を定め（第三条－第七条），国，地方公共団体，国民の責務を明確にし（第八条－第十条），さらに，男女共同参画基本計画の策定（第十一条），および年次報告等の作成（第十二条）について男女共同参画社会の形成の促進に関する施策の基本となる事項を定めている。

　男女共同参画社会の形成についての5つの基本理念は，以下のような概容である。1つ目は，男女個人の人権の尊重について，個人としての尊厳の重視，性別差別の取り扱いを受けないこと，個人としての能力を発揮する機会の確保が明記されている。2つ目は，社会における制度または慣行についての配慮について，男女の社会における活動の選択に対して，性別による役割分担などによる影響をできる限り中立的な配慮をすることである。3つ目は，国や地方公共団体の政策，民間団体などの立案および決定について，男女が社会の対等な構成員としてそれらに共同参画する機会が確保されることである。4つ目は，家庭生活における活動と他の活動の両立について，家族を構成する男女が，相互の協力と社会支援のもとで，子どもの養育・家族の介護・その他の家庭生活における活動を家族の一員として役割を果たし，かつ当該活動以外の他の活動を行なうことができるようにすることを旨として，生活活動を行なうことである。5つ目は，国際的協調についてであり，男女共同参画社会の形成の促進は国際社会における取り組みと密接な関係を有しており，国際的協調のもとに行なわれなければならないことが明記されている。

b.　**男女共同参画基本計画**

　上記「男女共同参画社会基本法」を受けて，2000年12月に閣議決定され

た「男女共同参画基本計画」では、先述した男女共同参画社会基本法の第二条を基本におき、施策の基本的方向と具体的施策を明記している。

それらの具体的な項目は、①政策・方針決定への女性の参画の拡大、②男女共同参画の視点にたった社会制度・慣行の見直し、意識の改革、③雇用などに関する男女の均等な機会と待遇の確保、④農山漁村における男女共同参画の確立、⑤男女の職業生活と家庭・地域生活の両立の支援、⑥高齢者が安心して暮せる条件整備、⑦女性に対するあらゆる暴力の根絶、⑧生涯を通じた女性の健康支援、⑨メディアにおける女性の人権の尊重、⑩男女共同参画を推進し多様な選択を可能にする教育・学習の充実、⑪地球社会の平等・開発・平和への貢献、の11項目である。

(3) 家庭生活、地域社会への男女の共同参画
a. 男女の職業生活と家庭・地域生活の両立の支援

少子・高齢化が進展するなかで、男女の職業生活と育児や家族の介護などの家庭・地域生活の両立は、わが国の経済社会の活力を維持する上でも、わたしたちが安心して子どもを産み育て、家族としての責任を果たす上でも、また、地域社会が変容するなか、地域に男女が共に参加できる条件整備を進め、地域社会への貢献を進めることにより、地域社会を豊かなものにしていく上でも、重要なキー概念として、男女共同参画社会の形成理念にあげられている。

したがって、男女が共に職業生活と家庭生活との両立を図ることができ、また、地域社会にも参加することができるようにするという観点に立って、その基礎的条件である労働時間の短縮を図るとともに、特にこれまで家庭や地域への参画の少なかった男性の家庭・地域生活への積極的な参画の促進を促している。

とりわけ、次の2つの点が強調されている。1つ目は、「男性も女性も家族としての責任を担い、また、社会がこれを支援していくことが重要」であり、2つ目は、特に男性について、「従来の職場中心の意識やライフスタイルから、職場・家庭・地域のバランスのとれたライフスタイルへの転換」を求めている。

多様なライフスタイルに対応した子育て支援策の充実を図る具体的な施策として，保育サービスの整備，放課後児童対策の充実，幼稚園における子育て支援の充実，子育てに関する相談支援体制の整備，子育てのための資産形成の支援，児童虐待への取組の推進，子育てを支援する良質な住宅，居住環境及び道路交通環境の整備，および，ひとり親家庭等に対する支援の充実などが掲げられている。

仕事と育児・介護の両立のための雇用環境の整備を図り，その制度の定着促進に向けた具体的な施策として，企業の子育て・介護支援の取組に対する評価，地域の子育て・介護支援体制の整備，育児・介護を行なう労働者に対する相談・情報提供など，育児や家族の介護を行なう労働者が働き続けやすい環境の整備が掲げられている。

とりわけ家庭生活への男女の共同参画の促進，および地域社会への男女の共同参画の促進についての具体的な施策については，それぞれに分けて，次に整理しておく。

b. 家庭生活への男女の共同参画の促進

具体的な施策は，次の3つの柱で構成されている。1つ目は，男女の固定的役割分担意識の是正のための広報・啓発活動である。「人権週間」を通じた広報・啓発活動，学習機会の提供を通じた家庭生活における男女共同参画の推進，家庭における男女共同参画の事例を収集し国民に提供するなどの活動を明記している。2つ目は，家庭教育に関する学習機会の充実であり，これから親になる青年や子育て中の親を対象に，子育てに関する学習機会を提供することである。3つ目は，父親の家庭教育参加の支援・促進であり，企業などとの連携により，子どもが父親の職場を参観したり，家庭教育に関する職場内での講座などの事業を実施することがあげられている。

c. 地域社会への男女の共同参画の促進

1998年（平成10年）に特定非営利活動促進法（NPO法）が施行されたことを受けて，「今後のわが国の社会にとって重要な意味をもつ教育，消費，環境などの課題に対応するために，NPOやボランティアによる活動を通じ

て，さまざまな地域活動に男女が共に積極的に参画できる方策の充実を図る」ことを掲げている。暮らしやすい活力ある地域社会をつくっていくためには，地域社会への住民参加が重要であり，男性の職場中心の意識・ライフサイクルを見直し，多様なライフサイクルを持つ男女の地域活動への参加を促進するため，あらゆる機会を通じて広報・啓発を行なうことを謳っている。また，地域振興やまちづくり計画などに生活者の視点やニーズの取り入れを図ることも重要である。

その他の具体的な施策は，①学校の余裕教室等を活用して子どもや高齢者を含めた地域の人々の交流の場を提供することにより，地域の人々の連携の強化を図りつつ，豊かな人間性を育む環境を醸成する「地域教育力の再生」，②消費者生活に関する学習の奨励と大学機関での公開講座の開設，消費者問題に関する学習機会の提供など，「消費者教育の推進・支援」，③環境保全に向けた取り組みを支援・促進するために，環境問題に関する情報提供・交流の場の提供，地域における環境学習の推進，NGO活動の支援など，「環境保全活動への参画の支援」，④人びとのボランティア活動に関する調査研究を行ない情報提供・相談事業の実施，都道府県のボランティア登録制度の整備・支援など，退職者を含む人びとの活動促進を図る「ボランティア活動などの参加促進のための環境整備」，⑤NPOなどの活動に男女が共に参加し，日頃の活動成果や知識・技能を活かせるような「NPOなどの活動への参加促進のための環境整備」が主な柱となっている（以上，『男女共同参画社会基本法』（条文），および『男女共同参画基本計画』を参照）。

2 消費者の権利と責任

（1） 消費者問題とその背景
a. 消費者問題と消費者運動

物資の欠乏とひどい粗悪品の横行がみられた戦後の混乱期に，参政権を得た女性たちを中心に生活防衛のための運動は始まった。マッチを擦らないとガスに点火できなかった当時に，燃えないマッチに憤った消費者が「不良マッチ退治主婦大会」に集まった。そこに参加した女性たちが結成した主婦連

合会（主婦連）や，復活した生活協同組合（生協）などの生活防衛運動をしてきた人びとは，このようなさまざまな生活問題の発生要因は，その経済社会の構造自体にあると気づいたのである（鈴木 2001：2）。

　しかし，戦後の貧困から脱し，生活物資が出回るようになった 1950 年代に入っても粗悪品はなくならず，さらに産業科学の発達に伴うさまざまな新製品が市場に登場するようになり，消費者を困惑させたり，慣らせるような消費生活にかかわる問題は，いっそう複雑化・多様化してきた。上述の生活防衛運動をしてきた人びとは，こうした問題を「消費者として受ける社会問題，すなわち消費者問題」であると包括的に捉え，その解消に向けて，労働組合にも参加を呼びかけて，1956 年に「全国消費者団体連絡会（消団連）」を結成した。翌年には，第 1 回消費者大会を開催して，消費者大衆こそ主権者であり，物の価格と品質は消費者の意思を尊重して決定されなければならないなど，消費者問題解消のための運動の開始を盛り込んだ「消費者宣言」を採択した。

　やがて，1960 年にコンビーフや牛肉の大和煮の缶詰めの約 9 割が馬肉 100％あるいは馬肉，鯨肉の混合品であることが発覚した「にせ牛缶事件」をきっかけに，消費者問題は，消費者運動家だけでなく，マスコミを通して広く社会的に認識されるようになった。また，消費者にとっての不利益だけではなく，事業者の経済的な運営面の問題でもあり，経済全体にかかわる問題として，消費者の適正な商品確保のための規制や消費者への情報提供などの問題に対応する消費者行政が行なわれるようになった。

　1960 年代後半になると，高度経済成長による弊害として，産業廃棄物による環境汚染，空気汚染，水質汚濁など，さまざまな環境破壊問題が深刻な社会問題に指摘されるようになった。環境問題を追求する上で，買い手を意識させる「消費者」という言葉は，「生活者」という言葉に置き換えられる方が適切であるとの意見が強まった。しかし，人間の多様な活動のうち，「生活し，生存するための活動」はモノやサービスの購入によって成り立っており，この意味において「消費者」は，実質的には「生活者」であること，および，包括的な「生活し，生存する個人」としての生活者，あるいは生活問題のうち，業者との取引によって入手したモノ・サービスを生命や暮らし

の維持・更新のために利用・消費することにかかわる人やその問題は，社会構造から生じる被害・不利益の意味を明確にする上で，一般的には消費者，あるいは消費者問題という言葉が使われている（鈴木 同上：3）。

b. 消費者問題発生の要因

さまざまな消費者問題が取り上げられるなか，とりわけ消費者被害・不利益は，事業者がもつ情報と消費者がもつ情報との間にある質的，量的な格差があることに起因して発生するモノ・サービスに対する消費者の期待や信頼と現実との間に生じる落差を指す（鈴木 同上：6）。また，消費者と事業者の格差は，所有する情報のみではなく，新しい情報の収集力，トラブルの際の情報収集力や交渉能力，およびその背景にある資本力など，個人である消費者と組織体である事業者との間にはさまざまな格差がみられ，巨大な組織体である事業者の場合は，その格差はいっそう大きくなる。したがって，消費者被害・不利益は，社会構造上生じてくる「構造的被害」でもある。技術革新を伴う高度経済成長により，科学技術の発達や専門分化が進んだ現代社会では，多種多様なモノ・サービスを必要とする消費者は，事業者のもつ情報に追いつくことは不可能である。必ずしも消費者の無知や情報不足は消費者の怠慢とはいえず，消費者被害・不利益は，当然生じてくる結果でもある。

また，モノ・サービスの使用価値を重視する消費者に対して，生産活動による効率や利潤を追求することに生産価値を置く生産事業者は本質的な価値体系を異にしており，両者が対等な立場で取引をすることは不可能である。例えば，事業者が原料を高値で仕入れても，その不利益は製品の値上げというかたちで利用者に転嫁することが可能である。流通業者も欠陥商品などを仕入れたとしても，販売してしまえば被害を受けることはない。モノ・サービスの購入によって生命や暮らしの維持・更新をせざるを得ない消費者は，最終消費者として値上がり分や欠陥商品も最終的に引き受けることになる。こうした背景には，明治政府の殖産興業政策以来の産業優先政策により，一般的に，個人の生活より産業や企業などの事業者を重視する傾向が強いことが指摘されている。経済政策においては，人びとが生命や暮らしの維持・更新のために生活物資や必要なサービスを購入をせざるを得ないという生活活

表4-1　消費者問題の発生要因

要因の分類	概　　容
消費者	①商品生産過程における技術の高度化，ハイテク化による消費者と生産事業者との間の知識・情報量の格差 ②生産事業者側のマーケティング戦略により，欲求が刺激された消費者のモノ・サービスの過剰な購入傾向 ③生産事業者・販売業者が価格決定に有利な立場にあり，消費者側は情報量も少なく価格選択が困難 ④消費者は製品の知識・情報が相対的に乏しく，欠陥の存在についての立証が困難
企業	①大量生産は価格低下につながるが，製品に欠陥が生じた場合，不特定多数の消費者に被害が及ぶ →消費者の生命・身体または財産が侵害された場合は，製造物の生産者（加工業者・輸入業者）に，過失の有無を問わず賠償責任を負わせる（製造物責任法（PL法）1995年施行）
経済システム	①市場の寡占化に伴う非競争的状況があれば独占的支配力をもつ事業者によって品質・価格が決定される（消費者は選択の幅が狭められ，消費者利益を害される）
消費者保護行政	①モノに関する相談が減少し，サービスに関する相談が増加 ②販売方法，金融や保険の契約などに関する消費者問題が増加の一途 →従来の行政指導では十分な消費者保護が困難であり，行政的な対応策の整備充実が急務となっている

（出所）　鈴木深雪「消費者問題の基礎」日本衣料管理協会発行委員会編『新版　消費生活論』日本衣料管理協会，pp. 4-5（2001），および丸山千賀子「消費者の権利と責任」石川實編『高校家庭科における家族・保育・福祉・経済』家政教育社，pp. 179-180（2002）を参照して作成した。

動の側面より，買い手として市場に参加するその購買力の側面が重視されてきた結果として，消費者被害・不利益を含むさまざまな消費者問題が深刻化してきたことは否めない。

　消費者問題を発生させる主な基本的要因について，**表4-1**に示すように，消費者側の要因，生産事業者・販売業者など企業側の要因，経済システムが内包する要因，および行政に帰する要因に分けて，整理しておく。

（2）　消費者の権利と消費者保護
a.　消費者保護基本法
消費者保護の必要性が社会的課題となった「にせ牛缶事件」に端を発して，

消費者の適正な商品確保のための規制や消費者への情報提供などの問題に対応する消費者行政としての方向を明確にし，消費者，事業者，および経済全体にかかわる統合的，体系的な施策の推進を図るために，1968年に消費者保護基本法が制定された。第一条では，「消費者の利益の擁護及び増進に関し，国・地方公共団体及び事業者の責任並びに消費者の果たすべき役割を明らかにする」，「施策の基本となる事項を定めることにより，消費者の利益の擁護及び増進に関する対策の統合的推進を図る」，「国民の消費生活の安定及び向上を確保することを目的とする」と謳っており，国民の消費生活の安定及び向上を確保を大前提に，消費者，事業者，行政の基本的な役割を定め，消費者の利益の擁護及び増進に向けたこれら3者の統合的な推進を図る内容となっている。

　具体的には，消費者は，商品知識のみでなく，商取引に関する最低限の知識を備えるなど，自発的に消費生活に関する必要な知識を習得するとともに，主体的で合理的な消費行動をとる努力を要請されている（第五条）。一方，事業者は，供給する商品や役務（モノ・サービス）について，危害防止，適正な計量および表示などの必要な措置を講ずる責務をもつとともに，行政の実施する施策に協力することが義務づけられ，さらに，品質・その他の内容の向上と，消費者からの苦情に対する適切な処理に努めることが明記されている（第四条）。行政は，「経済社会の発展に即応して，消費者の保護に関する総合的な施策を策定し，及びこれを実施する責務を有する」（第二条）として，危害の防止，計量・規格・表示の適正化，公正自由な競争の確保，啓発活動および教育の推進，消費者の意見の反映，試験検査などの施設の整備，苦情処理体制の整備など（第七条 - 第十五条），消費者保護のための体制づくりの責務が明記されている。

b.　契約の成立要件とその効力

　上記にみられるように，自立した消費者として，商品知識のみでなく，商取引に関する最低限の知識を備えるなど，自発的に消費生活に関する必要な知識を習得することが要請されている。商取引は，道徳的な基準や慣習に頼るのみでは維持していくことは困難であり，商取引に関するもっとも重要な

法律上の制度として，民法が定める「契約」があげられる。法律上の権利義務関係を発生させる契約制度は，次の2種類に分けられる。1つは，売り手と買い手の2者の意思表示の合致によって成立する諾成契約である。2つ目は，消費賃貸契約，使用賃貸契約，寄託契約など，意思の合致（合意）だけでは成立せず，目的物の引き渡しにより初めて契約が成立する要物契約である（丸山 2002：183）。

このように，売り手と買い手の2者間の意思の合致（合意），あるいは目的物の引き渡しを含めて，契約が成立すると当事者間に契約による権利と義務が生じる。しかし，一般消費者は，十分な知識・情報をもっていない，または交渉能力をもっていないことによる被害や・不利益を被ることが少なからず起る。これらへの対応として，2000年には「消費者契約法」が成立し，「民法，商法その他の法律の公の秩序に関しない規定の適用に比し，消費者の権利を制限し，又は消費者の義務を加重する消費者契約の条項であって，民法第一条第二項に規定する基本原則に反して消費者の利益を一方的に害するものは，無効とする」（第十条）と明記され，「消費者契約の条項の無効」を申し立てうるケースが規定された。とりわけ，消費者被害にかかわる契約条項の基本的な無効可能な事例として，老人性認知症などが進んだ高齢者などが契約をした場合，公の秩序・善良な風俗に反する場合（民法九十条），脅かされて成立した場合（民法九十六条）など，あるいは，親の同意を得ていない未成年者が契約した場合には，本人または親が契約の効力を取り消すことができる（民法四条）など契約の無効や，契約の取消権などについて具体的に規定されている。

また，賃貸借などの継続的な契約関係において，当事者の一方の意思表示により効力を将来に向かって消滅させることができる解約（内閣法制局 1993：125）や，契約当事者の一方の意思表示により最初から契約がなかったと同等の法律効果を生じさせる解除などによって消費者は保護されている（法令では解約を解除とみなすことが多い，丸山 同上：185）。

c. 消費者信用

消費者信用とは，代金後払いによるモノ・サービスの購入を意味する「販

売信用（クレジット契約）」と，返済期日を約束して各種金融機関から金銭を借入し，後で一定の金銭を支払う契約を意味する「消費者金融」の 2 つのタイプの契約のことを指す（後者の「消費者金融」は，本項 d. で述べる）。

　前者のクレジット契約は，消費者が販売業者に代金を直接後払いする 2 者間クレジットと，信販会社やカード会社などのクレジット会社に代金を払ってもらい，そのクレジット会社に消費者が代金を支払う 3 者間クレジット契約（狭義）がある。いずれの場合も，消費者はモノ・サービスの先取りや支払猶予のメリットがあるが，消費者は利息や費用に見合う額の手数料を負担しなければならない。これに対し，事業者には販売促進のメリット，クレジット会社には利息収入のメリットがある。クレジット契約によりモノ・サービスを購入し，かつ，2 か月以上 3 回以上の分割払いの契約を行なった場合には，2 者間クレジット，3 者間クレジットのいずれの場合も割賦販売法の対象となり，契約書を交付する義務や抗弁権（販売業者に対して言い分がある場合にクレジット会社に代金支払を停止できる）などの割賦販売法の規定が適用される。なお，旅行や電話料金などのサービス取引など割賦販売法による指定商品ではないもの，および，翌月一括払いや，ボーナス時 2 回払いなどの 3 回未満の支払方法を選択した場合には，割賦販売法の適用の対象外になる（林ほか 2005：82）。前払い，現金払い，後払いの支払方法によるそれぞれの特徴は，**表 4 - 2** に示す通りである。

　クレジットカードの使用に当たって，販売店員は一般的にカード持参人をカード所有者とみなし，必ずしも売上伝票の署名とカード裏面の署名を慎重に照合し本人であるかどうかの確認をしているとはいえない。紛失や盗難によるカードの悪用によるトラブルも珍しくない。安心してカードを使用するために，次のような基本的知識や注意事項があげられる（林・圓山編 2005：83，丸山 2002：186-187）。

　カード申し込み時に，手数料・支払方法などの契約条件を確認した上で，暗証番号は生年月日，電話番号，番地，車のナンバーなど，拾った人に推測され易い番号を避け，キャッシングの被害に遭うリスクを遠ざけるとともに，カード裏面に必ず署名をする。

　カード使用に当たっては，売上伝票は必ず保管し，支払明細と保管してい

表4-2 代金の支払方法とその特徴

支払方法	特徴
前払い （プリペイド）	・事業者は収益の先取り，資金運用のメリットがある ・消費者は，業者倒産の危険があり前払い金の保全に注意する必要がある
現金払い （キャッシュ）	・モノ・サービスとその代金を事業者と消費者間で同時に交換する方法 ・デビットカードは，現金払いに分類される
後払い （クレジット）	・消費者はモノ，サービスの先取りや支払猶予のメリットがあるが，利息や費用に見合う額の手数料を負担しなければならない ・事業者には販売促進のメリットがある ・クレジット会社には利息収入のメリットがある

（出所） 林郁・圓山茂夫編『実践的消費者読本 第4版』民事法研究会，p. 82（2005）を参照して作成。

る売上伝票と照合し，引き落とし額や覚えのない引き落とし額の有無を確認することは必要である。また，商品の不具合やサービス提供の中止などの場合には，カード所有者は販売業者に対して代金支払を停止できる権利（抗弁権）を有していることも念頭に入れておきたい。返済不能に陥るリスクを避けるために，何よりも重要なことは，各月の返済額を把握し，自分の収入に見合った金額であるかどうか，クレジット返済金額に無理がないかどうかなどを考慮して計画的に利用しなければならない。とりわけ，カードによる現金引出し（キャッシング）は，サラリーマン金融なみに金利が高いことを承知しておく必要がある。

　万一，カードを紛失，あるいは盗難にあった場合に保険が適用されるためには，カード会社への速やかな利用停止の届け出をし，警察に届け出ることが必要である。ただし，他者に自分名義のカードを貸す場合，他者が支払い義務を怠ると，保険は適用されず，他者に代わってカード所有者に支払義務が生じる。このようなリスクを避けるために，カードは絶対に他者に貸したり，借金の担保に渡さないようにしなければならない。

d. 多重債務と自己破産

　消費者信用のうちの，消費者金融には，カード会社のキャッシングやローン，サラ金のローン，銀行などの個人ローンがある。土地や建物に抵当権（担保）を付け，保証人を立てて借り入れる住宅ローンなどに対して，これらの消費者金融は，無担保無保証で，簡単な審査のみで小口の貸し出しを行なうことに特徴がある。

　しかし，日本銀行の公定歩合が 0.1％，銀行の定期預金が 0.2％以下という低金利の時代（2005 年現在）にあっても，表 4 - 3 に例示するように，消費者金融の融資金利は非常に高くなっている。また，出資法の上限金利（2006年現在も 29.2％）を超えた金利で貸付契約をした場合には，刑事罰の対象になる。さらに利息制限法の上限を超えた金利で契約した超過部分は，民事上は無効になる。消費者金融会社（サラ金）やカード会社が貸し付けるローンやキャッシングの多くは，出資法による刑事罰は受けないが，利息制限法の民事では無効となる，いわば中間の水準に含まれる。このため，複数の業者に渡って借り換えを繰り返した場合，債務が雪だるま式に増えて，いわゆる多重債務に陥る。多重債務とは，多数の業者から小口の借入を行ない全体として多額の債務を負い，自己収入で返済不能になった状態をいう。

　一般的に無理なく返済できる金額は，クレジット契約と消費者金融を合わせて月収の 2 割以内ともいわれており，計画的な利用が不可欠である（林ほか 前掲書：88）。なお，表 4 - 4 に，林ほか（同上：88）による返済総額についてのシミュレーションを提示しておくので参考にされたい。

　クレジットカードやローンの借入額がかさんで，支払困難や支払不能など多重債務に陥った場合には，消費者信用の債務は，利息や遅延損害金などが高いため，支払が遅れるほど解決が困難になるため，早急に，弁護士，司法書士や，サラ金被害者の会，消費者センターなどの専門家に相談することが大切である（林ほか 同上：89）。

　多重債務の整理には，任意整理の協定，民事調停の申し立て，自己破産の申し立て，民事再生の 4 つの方法がある。それぞれの特徴は，表 4 - 5 に示すように，異なっている。任意整理や民事調停は，借入先の業者の数が多い場合や，業者よっては話し合いが潤滑に運ぶとは限らず，弁護士や司法書士

表4-3 貸付金利一覧表（年利・実質年利，2003年現在）

種　別	年　利	種　別		年　利
出資法の上限金利	29.2%	利息制限法	元本10万円未満	20%
消費者金融のローン	15-29%		10万円以上100万円未満	18%
カード会社のキャッシング	18-29%		100万円以上	15%
カード会社の個人ローン	14-29%	銀行などの住宅ローン		2-4.5%
銀行系消費者金融のローン	15-18%	預金金利（銀行のスーパー定期1年）		0.03%
銀行の個人ローン	6-9%	―		―

（出所）　林郁・圓山茂夫編『実践的消費者読本 第4版』民事法研究会，p.88（2005）。

表4-4 返済シミュレーション

借入額	返済法	返済額	返済回数	利息総額	返済総額
50万円	年利27.38%	月2万円	38回	249,077円	749,077円
		月3万円	22回	136,317円	636,317円
		月5万円	12回	74,124円	574,124円
	年利18.00%	月2万円	32回	131,374円	631,374円

借入額	返済法	返済回数	返済額	利息総額	返済総額
50万円	年利27.38%	6回	90,112円	40,677円	540,677円
		10回	56,486円	64,863円	564,863円
		20回	31,415円	128,307円	628,307円
	年利18.00%	20回	29,122円	82,448円	582,448円

（出所）　林郁・圓山茂夫編『実践的消費者読本 第4版』民事法研究会，p.88（2005）。

に依頼する必要もある。自己破産の申し立てや免責の手続きは，多重債務を救済する最後の手段であり，弁護士や司法書士に依頼して裁判所に申し立てる。申し立てにより5-7年間はローンやクレジットが組めなくなったり，その他にもある種の制約は受けるが，免責により債務の返済は免除され，生活の再出発が可能となる（林ほか 同上：89-90）。また，2000年には民事再生法の改正により，小規模個人事業主や給与所得者などは自己破産の申し立てをしないで，可能な範囲で債務を返済する民事再生の方法も新たに設けられている。

d. 多重債務と自己破産

　消費者信用のうちの，消費者金融には，カード会社のキャッシングやローン，サラ金のローン，銀行などの個人ローンがある。土地や建物に抵当権（担保）を付け，保証人を立てて借り入れる住宅ローンなどに対して，これらの消費者金融は，無担保無保証で，簡単な審査のみで小口の貸し出しを行なうことに特徴がある。

　しかし，日本銀行の公定歩合が 0.1 ％，銀行の定期預金が 0.2 ％以下という低金利の時代（2005 年現在）にあっても，**表 4 - 3** に例示するように，消費者金融の融資金利は非常に高くなっている。また，出資法の上限金利（2006 年現在も 29.2 ％）を超えた金利で貸付契約をした場合には，刑事罰の対象になる。さらに利息制限法の上限を超えた金利で契約した超過部分は，民事上は無効になる。消費者金融会社（サラ金）やカード会社が貸し付けるローンやキャッシングの多くは，出資法による刑事罰は受けないが，利息制限法の民事では無効となる，いわば中間の水準に含まれる。このため，複数の業者に渡って借り換えを繰り返した場合，債務が雪だるま式に増えて，いわゆる多重債務に陥る。多重債務とは，多数の業者から小口の借入を行ない全体として多額の債務を負い，自己収入で返済不能になった状態をいう。

　一般的に無理なく返済できる金額は，クレジット契約と消費者金融を合わせて月収の 2 割以内ともいわれており，計画的な利用が不可欠である（林ほか 前掲書：88）。なお，**表 4 - 4** に，林ほか（同上：88）による返済総額についてのシミュレーションを提示しておくので参考にされたい。

　クレジットカードやローンの借入額がかさんで，支払困難や支払不能など多重債務に陥った場合には，消費者信用の債務は，利息や遅延損害金などが高いため，支払が遅れるほど解決が困難になるため，早急に，弁護士，司法書士や，サラ金被害者の会，消費者センターなどの専門家に相談することが大切である（林ほか 同上：89）。

　多重債務の整理には，任意整理の協定，民事調停の申し立て，自己破産の申し立て，民事再生の 4 つの方法がある。それぞれの特徴は，**表 4 - 5** に示すように，異なっている。任意整理や民事調停は，借入先の業者の数が多い場合や，業者よっては話し合いが潤滑に運ぶとは限らず，弁護士や司法書士

表4-3 貸付金利一覧表（年利・実質年利，2003年現在）

種別	年利	種別		年利
出資法の上限金利	29.2%	利息制限法	元本10万円未満	20%
消費者金融のローン	15-29%		10万円以上100万円未満	18%
カード会社のキャッシング	18-29%		100万円以上	15%
カード会社の個人ローン	14-29%	銀行などの住宅ローン		2-4.5%
銀行系消費者金融のローン	15-18%	預金金利（銀行のスーパー定期1年）		0.03%
銀行の個人ローン	6-9%	—		—

（出所） 林郁・圓山茂夫編『実践的消費者読本 第4版』民事法研究会，p.88（2005）。

表4-4 返済シミュレーション

借入額	返済法	返済額	返済回数	利息総額	返済総額
50万円	年利27.38%	月2万円	38回	249,077円	749,077円
		月3万円	22回	136,317円	636,317円
		月5万円	12回	74,124円	574,124円
	年利18.00%	月2万円	32回	131,374円	631,374円

借入額	返済法	返済回数	返済額	利息総額	返済総額
50万円	年利27.38%	6回	90,112円	40,677円	540,677円
		10回	56,486円	64,863円	564,863円
		20回	31,415円	128,307円	628,307円
	年利18.00%	20回	29,122円	82,448円	582,448円

（出所） 林郁・圓山茂夫編『実践的消費者読本 第4版』民事法研究会，p.88（2005）。

に依頼する必要もある。自己破産の申し立てや免責の手続きは，多重債務を救済する最後の手段であり，弁護士や司法書士に依頼して裁判所に申し立てる。申し立てにより5-7年間はローンやクレジットが組めなくなったり，その他にもある種の制約は受けるが，免責により債務の返済は免除され，生活の再出発が可能となる（林ほか 同上：89-90）。また，2000年には民事再生法の改正により，小規模個人事業主や給与所得者などは自己破産の申し立てをしないで，可能な範囲で債務を返済する民事再生の方法も新たに設けられている。

表 4-5　多重債務の整理法とその特徴

整理法	概容，および特徴
任意整理	・業者と返済方法を話し合って，分割や利息の免除などを協定する ・業者数が多い場合やまったく話し合いに応じない業者に対しては，弁護士や司法書士に依頼する
民事調停	・消費者が地元の簡易裁判所に民事調停の申立てをして調停の場で歩み寄る ・業者数が多い場合やまったく話し合いに応じない業者に対しては，弁護士や司法書士に依頼する
自己破産申し立て	・債務金額が多額で分割払いが不可能な場合，債務者自身が弁護士や司法書士に依頼して破産を裁判所に申し立てる。 ・申立てや弁護士介入を業者に通知すると以降の返済請求が来なくなる。ただし，浪費やギャンブルなど不誠実な原因による借金は全額免除されるとは限らず，1割程度を業者に支払うよう裁判所から勧告される場合もある メリット：破産宣告後の収入は自由に使える。免責決定後には債務は帳消しにされて借金は0となり，再出発が可能になる デメリット：破産者が財産を所有している場合は管理処分権を喪失，居住制限，通信の秘密の制限，特定職業への制限など自由に大きな制限を受ける
民事再生	・2000年には民事再生法の改正により，小規模個人事業主や給与所得者などは自己破産の申し立てをしないで，可能な範囲で債務を返済する ・住宅ローンを抱えていても，住宅を手放すことなく生活再建に努めることが可能になる

（出所）　林郁・圓山茂夫編『実践的消費者読本　第4版』民事法研究会，pp. 89-90（2005），および丸山千賀子「消費者の権利と責任」石川實編『高校家庭科における家族・保育・福祉・経済』家政教育社，pp. 187-188（2002）を参照して作成した。

（3）　消費者情報の活用

　消費者はモノ・サービスの購入に当たって，適切な種々の生活情報を入手し，それらの内，適合的な情報を選択し，目的に応じて活用する（詳細は，第1章4（2）を参照）。わたしたちは，モノを選択する際に，とりわけ，容量・重量・寸法などの大きさ，性能，デザインなど，あるいは購入価格，メーカー・ブランド名，保証期間・アフターサービスを基準にすることが多い。モノにかかわる商品の選択基準は，計量法・工業標準化法・JAS法などの法律によって規格化されており，輸入品の場合は，国際標準化機構による規格化（ISO）が進み，商品の選択基準は徐々に明確になってきている。

　一方，1975年以降は，わが国の産業構成別就業人口がサービス産業にウェイトが移り，サービス購入が増加してきた。形のないサービスは具体的な

表4-6 問題商法一覧

名　称	主な商品・サービス	おもな勧誘方法と問題点
電話勧誘販売	資格取得など	事業者から電話で勧誘して申込を受ける販売。最近は資格取得に関わる電話勧誘販売に関するトラブルが増加
マルチ商法連鎖販売取引	健康食品，美容品，浄水器，化粧品，ファックス，ふとん	儲かるからと商品の販売組織に誘い，商品を購入させ，友人など組織への加入者を次々と増やしていくと利益が得られるというもの。勧誘時の話と違い，思うように加入者を獲得できず，売れない商品を抱え込むことになる
特定継続的役務提供	エステ，語学教室，家庭教師，学習塾	身体の美化，知識の向上を目的として，継続的に役務を提供する取引形態。
業務提供誘引販売取引		物品販売をし，「この物品を利用することによって，内職やモニターなどの業務を提供できる」と誘う商法。金銭的負担の割に仕事が提供されない場合が多い
先物取引商法	国内市場：金，トウモロコシ，大豆，ガソリン／海外市場：トウモロコシ，大豆，砂糖など	同郷，または大学の後輩などと偽って近づき，信用させておいて，「金や大豆などの先物は今かっておけば，数年先に相場が上がり利益になる」といって契約を迫る。いったん応じると，辞めさせてくれず，次々とお金を出させられて結局大損になる
ネズミ講	組織に加入，金銭・有価証券などの配当を受ける	後から組織に加入した者が支出した金銭を，先に加入した者が受け取る配当組織。「無限連鎖講の防止に関する法律」によって，金銭に限らず，有価証券なども禁止された。最近はインターネットや電子メールを利用して勧誘するケースが増え，従来の口コミに比べ，広範囲，瞬時に広がる危険性がある
現物まがい（預託）商法	和牛などの飼育動物，鳥類，金，ゴルフ会員権	和牛や金などの商品・サービスを買わせ，それを預かり，期間経過後高い利息を付けた価格で買い取るというもの。実際は，現物を消費者に引き渡すこともなく，業者が現物をもっているのかも疑わしい
アポイントメントセールス	絵画，宝石，パソコン，割引サービス会員権，CD-ROM，ビデオソフト	電話で，「景品が当たった」「旅行に安く行ける，会って話したい」など，販売目的を隠し，「あなただけは特別」などと有利な条件を強調して，営業所や喫茶店に呼びだし，商品やサービスを契約させる
キャッチセールス	化粧品，美容器，エステティックサービス，絵画，映画観賞券	駅や繁華街の路上でアンケート調査などと称して呼び止め，営業所や喫茶店に連れて行き，応じるまで解放しない雰囲気にして商品やサービスの契約をさせる
無料商法	エステティックサービス，化粧品，健康器，浄水器，和服，ふとん	「無料招待」「無料サービス」「無料体験」など「無料」をセールストークにして，広告やチラシで人を集め，高額な商品やサービスを売りつける
アンケート商法	浄水器，美容器，絵画，映画館証券，エステティックサービス	「アンケートに答えて」などと話しかけてきて，「このままでは，シミ・しわになる」などと不安をあおって化粧品を売りつけたり，今後値上がりすると説得して絵画などの商品を売りつける

モニター商法	浄水器，美容器，ふとん，和服，痩身エステティックサービス	モニターになって，そのモニター料を代金の支払に当てることを条件に，商品・サービスを無料や格安で提供すると思わせて，商品を契約させる商法
SF（催眠）商法	羽毛ふとん，磁気マットレス，電気治療器，健康食品	「くじに当たった」「新商品を紹介する」といって人を集め，閉め切った会場で台所用品などを無料で配り，得した気分にさせて，興奮状態にしておいて，異様な雰囲気の中で最後に高額な商品を売りつける
ネガティブ・オプション	雑誌，ビデオソフト，新聞，単行本	商品を一方的に送り付け，消費者が受け取った以上，支払わなければならないと勘違いして支払うことを狙った商法。代金引換え郵便を悪用したものもある。福祉目的のをうたい，寄付と勘違いさせて商品を買わせることもある
点検商法	羽毛ふとん，消火器，シロアリ駆除，耐震診断，屋根工事	点検に来たと行って来訪し，「布団にダニがいる」「シロアリの被害がある」「工事をしないと危険」などと，事実と異なることを言って，新品や別の商品・サービスを契約させる
実験商法	浄水器，洗剤	試薬などを使い，その商品がいかに効果があるかのような実験をしてみせ，他社製品が危険・有害であるかのように認識させて，商品を売りつける
見本工事商法	ベランダ，カーポート，外壁，サイディング，サンルーム，ソーラーシステム	「目立つ場所で宣伝になる」「カタログに写真を掲載させてもらう」など，住宅設備関連の商品や工事を特別に安くするような言い方で勧誘し，実際にはずさんな工事や安全性に問題があるものを売りつける
資格商法	電験3種（第3種電気主任技術者），行政書士などの国家資格取得講座や財務・税務などの民間資格取得講座と教材	電話で「受講すれば資格が取れる」「もうすぐ国家資格になる」などと執拗に勧誘し，講座や教材を契約させる。最近は以前の契約者に対し，「資格が取得できるまで契約は終わらない」と，継続しているかのように説明して，二次被害がでている
就職（求人）商法	和服，婦人下着，タレント養成講座	「展示会でのお手伝い」「商品宣伝のアルバイト」など，就職（求人）の広告で人を集め，応募者に「仕事に必要だ」などと商品を売りつける
内職商法	宛名書き，チラシ配り，データ入力，テープ起こし，パソコン，ワープロ	「在宅サイドビジネスで高収入を」「資格・技術を身に付けて在宅ワーク」などの広告で勧誘し，材料や高い機種を売りつけたり，講習と称して多額の受講料をとったりする。実際は，講習が受けられなかったり，ほとんど収入は得られない

（出所）国民生活センター『くらしの豆知識―2002―』pp. 262-263（2001）。

内容が把握しにくいこと，設備・技術・提供者の信頼性など見分けにくいこと，個別的で専門的な部分があり比較する情報が少ない，あるいは，契約条件があいまいであるなどのサービス選択基準の確認事項は複雑である（林ほか 前掲書：53）。宅地建物取引免許証，旅行業者登録番号など，サービス提

供に必要な資格がある場合には提供者の資格の有無を確認することは必要である。あるいは，クリーニング・理容・美容店などのＳマークなどを確認して，標準営業約款などに従って営業をしている業者を選択するよう心がけることも必要である。

　また，消費者は，モノ・サービスを購入後，使用から廃棄に至る過程を通して，消費者の視点から，問題提起や，さまざまな情報を発信することが重要である。同時に，行政にとっても，消費者の視点で消費生活の実状や被害の事実を考察し，問題の解決策を考えることは消費者行政の役割を果たすことにつながる。消費者参加の消費行政システムを機能させることは重要である（鈴木　2001：34）。

　さまざまな消費者被害・不利益を減少させるために，危害・危険事例のデータベース化を行なっている国民生活センターの全国消費生活情報ネットワーク・システム（PIO-NET）などの情報を活用することも重要である。また，同センターでは，1973年2月以降，毎年『くらしの豆知識』を毎年刊行している。最新の消費生活にかかわる情報や相談・問合せ機関リストなども掲載されている。モノ・サービスの購入時には，こうした情報を十分に活用したり，国で定める安全規格マーク（義務マーク）や，国・自治体で定める品質企画マーク（任意マーク）などの確認も必要であり，日頃から問題商法（表4-6）などについても情報を入手しておくことは被害に遭わないための方策として重要である。

（1）　昭和30年から36年までの足かけ7年にわたって，70稿近い論文により，主婦の権利や家事労働の評価をめぐって繰り広げられた論争のうち，昭和30年から34年に至る第1次主婦論争と昭和35年から36年のに至る第2次主婦論争の2期に分けて考えるのが定説となっている。

■引用・参考文献
辺輝子「都市化と家庭論争」『婦人問題懇話会会報』第18号（1973）
林郁・圓山茂夫編『実践的消費者読本　第4版』民事法研究会（2005）
平塚らいてう「主婦解放論」『婦人公論』昭和30年10月号（1955）
石垣綾子「主婦という第2職業論」『婦人公論』昭和30年2月号（1955）
磯野富士子「婦人解放論の混迷」『朝日ジャーナル』昭和35年4月10日号

（1960）

神田道子「主婦論争」上野千鶴子編『主婦論争を読むⅡ』勁草書房（1982）

国民生活センター『くらしの豆知識―2002―』（2001）

駒野陽子『「主婦論争」の再考――性別役割分業意識の克服のために』上野千鶴子編『主婦論争を読むⅡ』勁草書房（1982）

小谷良子『専業的主婦の主体形成論――個人・家庭・地域生活者としての課題とその実証的研究』奈良女子大学博士論文，全350頁（2003b）

丸岡秀子「夫妻共存論」『婦人公論』昭和32年10月号（1957）

丸山千賀子「消費者の権利と責任」石川實編『高校家庭科における家族・保育・福祉・経済――「家庭総合」・「家庭基礎」指導の基礎知識』家政教育社（2002）

内閣法制局法令用語研究会『法律用語辞典』有斐閣（1993）

内閣府男女共同参画局『男女共同参画基本法』法律第78号条文（1999）

―――『男女共同参画基本計画』閣議決定（2000）

坂西志保「主婦に捧げる特集――主婦第二職業論の盲点」『婦人公論』昭和30年4月号（1955）

生活科学調査会編集部「戦後主婦論の歩み――諸説の展望」生活科学調査会編『主婦とはなにか』ドメス出版（1970）

清水慶子「主婦に捧げる特集――主婦の時代は始まった」『婦人公論』昭和30年4月号（1955）

鈴木深雪「消費者問題の基礎」日本衣料管理協会発行委員会編『新版 消費生活論』日本衣料管理協会（2001）

―――「消費者行政の現状」日本衣料管理協会発行委員会編『新版 消費生活論』日本衣料管理協会（2001）

武田京子「主婦こそ解放された人間像」『婦人公論』昭和47年4月号（1972）

上野千鶴子「主婦論争を解読する」上野千鶴子編『主婦論争を読むⅡ』勁草書房（1982）

人名索引

ア　行

青木茂　73
荒木昭次郎　115
飯田哲也　54-56, 60
一番ヶ瀬康子　71
伊藤セツ　71, 72, 75
今井光映　72, 73
今村あん　115
岩田正美　5, 10
上野千鶴子　27, 151
エルダー（Elder, G. H.）　12, 24
大石美佳　79, 80, 82
岡崎陽一　24, 31
岡村清子　7, 15, 16, 18, 23, 24, 29, 34, 41, 42, 75, 76, 81, 88
小此木啓吾　96

カ　行

梶田叡一　7, 17, 18
川崎末美　88
神田道子　146-148
神原文子　98
窪田一郎　44
倉沢進　108
コヴィー（Covey, S. R.）　19
駒野陽子　145, 148

サ　行

佐藤慶子　79, 80
佐藤慶幸　121, 123, 124
嶋田正和　20
清水新二　63, 65
ジール（Giele, J. Z.）　12, 24
鈴木敏子　54, 55
鈴木深雪　156, 157

タ　行

高橋勝　109

竹田美知　48, 49
田中治彦　110, 131-133, 135
遅塚忠躬　20, 22
ディーコン（Deacon, R. E.）　13, 17, 45, 56, 60-62
暉峻淑子　29

ナ　行

長嶋俊介　ii, 4-6, 10, 14
長津美代子　12, 13, 50, 83, 87, 97, 118, 119
中道實　ii, 5, 12, 24, 65, 116, 121, 122, 137, 139-141
似田貝香門　28, 111
野沢慎司　36, 78, 106
野田文子　89, 91

ハ　行

萩原健次郎　132
バニスター（Bannister, C.）　42, 44, 45
濱本知寿香　66, 71
林郁　161, 163, 164, 167
久武綾子　82
藤田由紀子　66, 71
古926広祐　15
堀田剛吉　3, 72, 73
ボニス（Bonnice, J. G.）　42

マ　行

マズロー（Maslow, A. H.）　7, 18
松友子　73
松村祥子　12, 19, 111
圓山茂夫　161
丸山千賀子　160, 161
御船美智子　12
宮本みち子　19
牟田和恵　24, 29, 31, 97
村尾勇之　3
モーガン（Morgan, Marabel）　30

170

森岡清美　　4, 9, 11, 80
森岡清志　　106, 109, 122
モンスマ（Monsma, C.）　　42, 44, 45
山口厚子　　42, 44
山崎丈夫　　110
山田昌弘　　27, 119
米山俊直　　5, 14

　　　　ヤ　行

矢澤澄子　　17

事 項 索 引

ア 行

アイデンティティ　　3-7, 10, 13, 15, 18, 20, 25, 27, 36, 88, 107, 108, 114, 119, 123, 132
アウトプット　　13, 14, 58
生きがい　　4, 6, 7, 9, 10, 15, 18, 27, 32, 116
育児放棄　　96
意思決定　　6, 17, 76, 134, 149
依存　　19, 28, 32, 35, 41, 44, 62, 66, 70, 98, 115, 121, 122, 134
居場所　　77, 132, 133
インプット　　13, 14, 25, 56, 58
インフラストラクチャー　　35
ウーマン・リブ運動　　148

カ 行

介護　　27, 71, 86, 112, 119, 128, 130, 137, 152-154
科学技術的資源　　44, 45
核家族　　33, 36, 62, 70, 79, 122, 145
家計　　25, 29, 34, 56, 59, 60, 66-73, 75, 79, 92, 102, 108, 115
家事労働　　25, 32, 36, 66, 70, 83, 86－89, 93, 97, 100, 102, 145, 146, 148, 149, 151, 168
家族解体　　62, 63
家族関係　　i, 4, 36, 55, 57, 60, 61, 65, 79, 93, 96, 98, 100, 108
家族機能　　32, 33, 36, 55, 62, 65, 122
家族規模　　33, 36
家族生活　　54-56, 58, 60-62, 65, 102, 116, 130
家族病理　　62, 63
家族崩壊　　62, 63
家族問題　　62, 63
家庭環境　　28
家庭経済　　66, 72, 73, 75, 76, 102
家庭組織　　56-62, 65, 79
ガバナンス　　115, 117
規範　　16, 19, 20, 23, 29, 35, 36, 75, 106, 109, 112, 116, 121, 125, 127, 141
虐待　　97
共助　　12, 108, 111, 112, 115, 116, 122, 123
共生　　i, 19, 20, 28, 88, 90, 100, 102, 114, 116, 140, 141
共存　　15, 20, 48, 55, 88, 141, 149
共同　　i, 19, 20, 28, 54, 88, 100, 102, 108, 111, 112, 115, 116, 125, 127, 137, 140, 141, 149, 152, 154
共同性　　139, 141
金融市場　　67
暮らしの維持・更新　　57, 102, 156, 157
クレジット　　70, 161-164
経済システム　　44, 158
経済社会システム　　123
経済低成長　　27, 63
経済的資源　　26, 44-46, 58, 88
交換　　41, 42, 58, 108
公共性　　139, 141
公助　　12, 19, 74, 108, 111, 112, 115, 116
高度経済成長　　21, 32, 34-37, 41, 42, 47, 49, 62, 69, 70, 78, 79, 83, 109, 110, 121, 122, 130, 156, 157

高齢化　　　*i*, 24, 56, 112, 119, 151, 153
高齢期　　　26
高齢者　　　13, 21, 22, 36, 37, 40, 88, 92, 111,
　　　119, 137, 153, 155, 160
高齢社会　　　12, 19, 24, 70, 89, 112, 115
国内総生産（Gross Domestic Product）
　　　39
国民経済　　　66, 71
国民生活指標（New Social Indicators）
　　　39
国民総生産（Gross National Product）
　　　39
互酬　　　108, 116
互助　　　108, 111, 112, 115, 116
個人化　　　12, 19, 36, 60, 62, 70, 81, 88, 98,
　　　106, 110, 121, 133
個人情報　　　48
子育て支援　　　136, 154
コミュニケーション　　　*i*, 15, 54, 56-58,
　　　60, 61, 63, 87, 100, 121, 123
コミュニティ　　　36, 110, 118, 119, 122,
　　　125, 127, 130, 135, 139

サ　行

再生産　　　3, 4, 6, 7, 10, 12, 13, 15, 18, 20,
　　　25, 28, 41, 48, 54-56, 61, 66, 100, 106,
　　　123
再分配　　　67, 108, 116, 121
サービス　　　12, 13, 15, 25, 28, 32, 33, 35,
　　　41-44, 47, 49, 66-68, 70, 75, 106, 108,
　　　110, 111, 115, 116, 119, 122, 128, 136,
　　　154, 156, 157, 160-162, 165, 167, 168
サポート　　　*i*, 15, 16, 28, 45, 100, 136
支援　　　12, 19, 57, 88, 108, 111, 112, 116,
　　　122, 124, 128, 130, 152-155
自己実現　　　4, 6, 7, 9, 10, 15, 18, 24, 25, 27,
　　　36, 38, 60, 79, 125
自己成長　　　7, 27, 60, 77, 79, 100, 130, 141
自己責任　　　6, 12, 13, 17, 19, 111, 116
自己選択　　　13, 19, 39
自助　　　12, 19, 27, 80, 81, 108, 115, 116,
　　　122
市場　　　16, 35, 62, 65, 89, 111, 121, 124,
　　　125, 156, 158
自然環境資源　　　44, 46

自発性　　　130, 135, 139
市民意識　　　115, 116
市民価値　　　141
市民社会　　　5, 11, 123, 125
社会運動　　　118-120, 147, 148
社会参加　　　28, 50, 84, 87, 103, 112, 116,
　　　117, 119-121, 124, 133, 134, 137
社会システム　　　44, 65, 72, 74, 87
社会指標（Social Indicators）　　　39
社会的・経済的──　　　4, 10, 12, 13, 15,
　　　18, 22, 25, 38, 40, 149
社会的責任　　　46, 61
社会的矛盾　　　121, 130
社会変革　　　19, 124, 148
集団活動　　　118-120, 130
就労形態　　　24, 58, 59, 76, 78, 102
主体形成　　　*i*, 7-9, 11, 17-19, 24, 27, 28,
　　　38, 44, 46, 103, 109, 111, 115, 116, 132,
　　　137, 140
主体性　　　6, 17, 19, 20, 30, 31, 58, 130, 132,
　　　140
主体要件　　　103, 111, 139, 140
主体要素　　　6, 7, 15-17
出生率　　　21, 22, 81, 136
主婦論争　　　146-149
需要　　　13, 14, 45, 47, 48, 56-58, 66
生涯学習　　　*i*, 24, 118, 119, 135
少子化　　　*i*, 27, 76, 131, 136
消費行動　　　42-46, 48, 49, 59, 70, 79, 159
消費財市場　　　66
消費者教育　　　45, 155
消費者行政　　　156, 159, 168
消費者金融　　　161, 163
消費者苦情　　　43
消費者資源　　　45, 46
消費者情報　　　49
消費者被害　　　157, 158, 160
消費者保護　　　43, 46, 47, 158, 159
消費者問題　　　42, 43, 46, 47, 49, 155-158
情報化　　　19, 48, 70
情報資源　　　28
情報システム　　　34, 47
情報収集　　　15, 28, 45, 46, 92, 157
情報伝達　　　15, 28
自立　　　*i*, 12, 15, 19, 20, 28, 28, 54, 60, 63,

87, 100, 102, 116, 123, 124, 134, 146-149, 159
自立性　74
人口動態　20-22, 49
新国民生活指標（People's Life Indicators）　39
人的資源　13, 17, 25, 28, 44, 45, 57, 58, 72, 103
スループット　13, 14, 58
生活意識　4, 9, 29, 38, 45
生活課題　i, 4, 9, 29, 65, 75, 88, 115, 116, 121
生活環境　15, 17, 18, 28, 32, 37, 41, 43, 45, 78, 87, 89, 97, 111, 114, 115, 122, 130, 137, 139
生活環境要素　5, 6, 9, 14-17, 45
生活空間　15, 23, 87, 88, 92, 110, 111
生活時間　4, 15, 23, 32, 37, 63, 65, 83, 85, 87, 88, 93
生活資源　28, 80, 82, 83
生活システム　5, 13, 14, 25, 38, 45
生活実態　4, 9, 136
生活主体　4-6, 9, 10, 14, 15, 17, 25, 26, 28, 39, 65
生活水準　15, 88
生活世界　5, 41, 121, 123
生活設計　71, 75, 79-81, 83, 145
生活展開　i, 5, 10, 13, 14, 107, 112
生活の質（QOL＝Quality of Life）　38, 39
生活の社会化　i, 4, 9, 24, 32, 62, 65, 75, 76, 107, 119, 121, 151
生活保障　71, 73, 74, 108
生活領域　i, 3, 5, 6, 10-12, 18, 24, 28, 54, 55, 61, 78, 106, 108, 112, 116
生活力　19, 60, 61
生計の維持・更新　4, 6, 7, 10, 13, 15, 18, 27, 77, 81, 156
生産世界　34, 41, 42, 59, 65, 121
政治システム　44
精神的・文化的――　4, 10, 12, 13, 15, 18, 22, 25, 38, 40, 149
性別差別　152
性別役割　57, 145
性別役割分業　36, 61, 146, 148, 151

生命の維持・更新　4, 6, 10, 15, 18, 41, 56, 77, 84, 102, 157
生理的・生殖的――　4, 10, 12, 13, 15, 18, 20, 22, 25, 38, 40, 102, 149
セルフエスティーム　7, 18, 25, 27, 38, 59, 60, 77, 141
相互扶助　116

タ　行

対人的資源　112
多重債務　163, 164
男女共同参画　12, 24, 28, 61, 151-154
地域活動　78, 117, 118, 122, 123, 125, 128, 130, 137, 139, 155
地域社会　16, 24, 36, 65, 87, 109, 111, 135, 141, 153-155
地域社会資源　44, 45
地域集団　106, 110, 111, 122, 125, 127, 128, 130, 137, 139, 141
長寿化　27, 34, 36, 115
登校拒否　133

ナ・ハ　行

人間関係　3, 15, 28, 35, 37, 45, 60, 62, 77, 96, 98, 102, 106, 109, 110, 121, 123, 130, 133, 137
ネットワーク　i, 5, 11, 15, 28, 36, 45, 102, 106-108, 112, 122, 123, 168
発達課題　133, 134
パートナーシップ　137
フィードバック　13, 14, 17, 58
福祉　12, 13, 19, 20, 24, 35, 70, 102, 110-112, 114-116, 119, 122, 128, 130, 136, 137, 139, 141
物質的資源　57, 58, 77, 103
平均寿命　21
平均消費性向　69, 70
平均余命　21, 81, 83
ボランティア　15, 87, 118-120, 123, 125, 127, 128, 135, 137, 154, 155

マ・ヤ　行

無形資源　57
無償（性）　62, 139
モラトリアム　75, 132

事項索引　173

役割意識　96, 116

ラ　行

ライフコース　12, 24, 71, 80, 81
ライフサイクル　20, 23, 24, 44, 48, 62, 80, 82, 155
ライフスタイル　4-6, 9, 12, 15, 17, 19, 22, 29-32, 36, 37, 44, 47, 60, 61, 70, 75- 81, 83, 88, 102, 107, 132, 153, 154
ライフステージ　12, 22, 26, 72, 76, 79, 81, 82
利己性　141
リスク　48, 56, 70, 71, 74, 80, 81, 161, 162
利他性　139
労働市場　24, 66, 79

■著者略歴

小谷良子（こたに・よしこ）
岡山県に生まれる。奈良女子大学大学院人間文化研究科博士課程修了。生活経営学・地域社会学専攻。博士（生活環境学）。大阪教育大学非常勤講師。『日本官僚制の連続と変化』〔共著〕（ナカニシヤ出版、2007年）、「専業的主婦の主体形成論」（奈良女子大学博士論文、2003年）、「専業的主婦のネットワーク参加意識とネットワーク形成の有効性──大都市近郊のニュータウンにおける調査に基づく考察」『日本家政学会誌』（第54巻6号、2003年）、他。

主体形成と生活経営

2007年4月20日　初版第1刷発行
2007年9月27日　初版第2刷発行

著　者　　小　谷　良　子

発行者　　中　西　健　夫

発行所　株式会社　ナカニシヤ出版

〒606-8161　京都市左京区一乗寺木ノ本町15
TEL　(075)723-0111
FAX　(075)723-0095
http://www.nakanishiya.co.jp/

© Yoshiko KOTANI 2007　　　　創栄図書印刷・藤沢製本
＊乱丁本・落丁本はお取り替え致します。
ISBN978-4-7795-0143-2　Printed in Japan

質を保障する時代の公共性
――ドイツの環境政策と福祉政策――

豊田謙二

公共性の位置づけや市民社会との連関を踏まえ、介護先進国ドイツの環境政策と福祉政策の事例を検証し、更にはごみ問題を始め、公的介護保険制度、介護サービス、関連するNPOなどの諸問題を総合的に研究した労作。

三七八〇円

転換期のくらしと経済

梅澤直樹・柴田周二・二階堂達郎・只友景士

家計、労働、教育、財政、社会保障などから環境問題、国際経済まで生活のあり方とそのゆくえを根本的に捉え直す。くらしに密着した目線の高さで社会の仕組みをすっきりとやさしく語る、「身の丈サイズ」の経済学。

二七三〇円

変容する世界の家族

清水由文・菰渕　緑編

中国、韓国、タイ、イギリス、オーストラリア、アメリカ、フランスの家族の変容過程を分析し、歴史的・文化的背景を踏まえて各国固有の特質と普遍的な特質とを考察した上で、家族のこれからの姿を浮き彫りにする。

二五二〇円

社会変容と女性
――ジェンダーの文化人類学――

窪田幸子・八木祐子　編

近代化の進展に伴う社会変容の中で、モンゴル・インド・タイ・シンガポールなど各地の女性がどのように従来の役割・規範から自由になり、またどのように伝統の維持に関わるのかを、実際の彼女たちの生活を通して描く。

二五二〇円

表示は二〇〇七年九月現在の税込価格です。